DAS PERFEKTE DINNER

EINFACH GENIAL

KLEINER AUFWAND – GROSSE SHOW

Inhalt

Immer locker bleiben!

Wer kennt das nicht: Wenn die Gäste die ersten Bissen der Vorspeise genießen, ist man als Gastgeber eigentlich schon ermattet und kann sich nur schwer auf das muntere Zusammensein und den Genuss des Menüs einlassen. Ob Sie sich in der Zeit verkalkuliert haben oder ein kleines Missgeschick Sie aus dem Konzept gebracht hat - oft kommt bei den Dinnervorbereitungen etwas dazwischen. Dabei könnte es doch so einfach sein. Wir verraten Ihnen, wie Sie den größten Stolperfallen vorbeugen, Ihren Zeitplan optimieren und stattdessen ganz entspannt mit einem Aperitif anstoßen, sobald Ihre Lieben kommen.

Warum kompliziert, wenn es auch einfach geht?

Dieses neue Kochbuch zur beliebten TV-Koch-Doku „Das perfekte Dinner" auf VOX steht unter dem Motto „einfach genial": Es beinhaltet 60 Rezepte von Vorspeisen über Hauptspeisen und Desserts, die Sie beliebig zusammenstellen können, und die sich entweder schnell oder unkompliziert zubereiten lassen - oder sogar beides! Manche Gerichte wie ein Schmorbraten benötigen einfach ihre Zeit, um vor sich hinzuköcheln, die wenigen Arbeitsschritte sind aber kinderleicht. Andere wie das Blitzeis stehen im Handumdrehen auf dem Tisch. Und wenn Sie doch einmal mehr Zeit oder Ambitionen haben, bieten Ihnen einige Rezepte noch ein „besonderes Extra", mit dem Sie Ihr Menü aufwerten können.

Da war doch noch was ...

Natürlich muss auch das Drumherum stimmen - möglichst ohne viel Aufwand zu verursachen. Darum finden Sie hier einfache Rezepte für coole Drinks, Hingucker-Zutaten, die Sie ganz leicht unter Ihr Dinner mogeln können und viele Vorschläge und Ideen, wie Sie sich die Zeit in der Küche verkürzen. Die drei wichtigsten Zauberwörter heißen in dieser Hinsicht übrigens Planung, Vorbereitung und Organisation. Wenn der Grundvorrat eingeräumt ist, das Sorbet im Tiefkühlfach steht und Eiswürfel in Cocktailgläsern klimpern, kann eigentlich nichts mehr schiefgehen. Dann heißt es nur noch: hinsetzen, entspannen und genießen!

In diesem Sinne wünschen wir Ihnen ein ganz stressfreies Kochen, viel Spaß mit Ihren Gästen und einen guten Appetit!

Ihre ZS-Redaktion

»Geselliges Vergnügen, muntres Gespräch, muss einem Festmahl die Würze geben.«

William Shakespeare

Smarte Küchentipps für entspanntes Kochen

Ein tolles Menü zaubern und dabei ganz entspannt bleiben, das wäre doch perfekt, oder? Mit wenigen Tricks können Sie dieses Ziel ganz einfach erreichen. Die wichtigsten Voraussetzungen zum Kochen nach dem Minimaxprinzip sind Planung, Organisation und ein wenig Multitasking-Fähigkeit. Und ab und zu der gezielte Mut zum Fertigprodukt. Sie werden staunen, wie toll das schmeckt!

1. KÜCHENHELFER EINSETZEN

Rühren, kneten, schnippeln, hacken und reiben: Das alles kostet Zeit. Zum Glück gibt es mit Küchenmaschine, Blitzhacker und Co. clevere Helfer, die Sie bei der Arbeit unterstützen. Ab Seite 92 finden Sie eine Übersicht der wichtigsten Küchengeräte und ihre Einsatzmöglichkeiten.

Auch hochwertiges Kochgeschirr in Form von Töpfen, Pfannen, Brätern und Auflaufformen ist nützlich. Legen Sie sich zudem zwei bis drei scharfe (!) Messer in verschiedenen Größen zu. Sie werden rasch merken, wie sehr diese Investition das Vorbereiten von Fleisch, Fisch und Gemüse erleichtert.

2. GRUNDVORRAT ANLEGEN

Ein solide ausgestatteter Vorratsschrank ist beim Kochen für viele Gäste Gold wert. Reis, verschiedene Nudeln, Couscous, Polenta und Kartoffeln sollten Sie immer zu Hause haben. Genauso wie frische Kräuter, Gemüse und Obst. Eine Auswahl der wichtigsten Gewürze für eine ambitionierte Cross-over-Küche finden Sie auf Seite 78.

3. AUFWENDIGE UND EINFACHE REZEPTE KOMBINIEREN

Wer clever kombiniert, kann sich bei Tisch über viele Ohs und Ahs freuen, ohne sich dafür verausgaben zu müssen. Entscheiden Sie sich bei Ihrem Dinner für eine Komponente, vielleicht den Hauptgang, die mit etwas mehr Aufwand verbunden sein darf, und komponieren Sie Vorspeise, Beilagen und Dessert darum herum. Brot und Oliven als Vorspeise, Nudeln als Beilage, ein Kuchen als Dessert, den Sie schon am Vortag zubereitet haben – fertig ist das perfekte Dinner. Und Sie selbst haben noch viel Energie für den Abend übrig.

4. BRATEN UND SCHMORGERICHTE

Wenn Sie vor dem Eintreffen der Gäste noch ein wenig Zeit für sich brauchen, um sich umzuziehen, den Tisch zu decken und kurz durchzuatmen, sind Schmorgerichte und Braten die richtige Wahl. Wenn Sie sich für Niedrigtemperaturgaren entscheiden, können Sie das Fleisch oft schon vormittags in den Ofen schieben und haben danach ganz entspannt Zeit für die übrigen Vorbereitungen. Das langsame Garen im eigenen Saft bringt unvergleichliche Aromen zum Vorschein, das Fleisch wird wunderbar zart – die Begeisterung Ihrer Gäste ist Ihnen daher gewiss.

5. FERTIGPRODUKTE VERWENDEN

Frische Teigwaren aus dem Kühlregal, TK-Blätterteig oder Fonds aus dem Glas zu verwenden, ist keine Schande. All diese Produkte gibt es in guter Qualität zu kaufen, sodass Sie ruhig zugreifen dürfen, um sich die Arbeit ein wenig zu erleichtern. Eventuell ist es ratsam, unterschiedliche Produkte im Vorfeld zu testen, bevor sie bei Ihrem perfekten Dinner zum Einsatz kommen. Tipp: Frische handgemachte Pasta gibt es häufig auf dem Wochenmarkt zu kaufen.

Antipasti-Platten lassen sich mit hochwertigen Schinken- und Wurstspezialitäten oder mit Meeresfrüchten aus der Feinkostabteilung aufhübschen. Für einen bunten Salat vorneweg können Sie mit gutem Gewissen den Schnittsalat-Mix vom Wochenmarkt verwenden. Und zur selbst gemachten Mousse au Chocolat schmeckt auch eine Kugel gekauftes Vanilleeis ganz wunderbar.

6. ZUTATEN BEREITSTELLEN

Legen Sie sich alle benötigten Zutaten zurecht, bevor Sie loslegen. Eine gute Organisation spart in der Küche viel Zeit und erleichtert die Arbeitsabläufe. Am besten gruppieren Sie die Zutaten, die Sie für die einzelnen Menükomponenten benötigen, jeweils ein wenig separat voneinander.

7. MULTITASKING MIT SYSTEM

Verschaffen Sie sich einen Überblick über die Garzeiten der einzelnen Menükomponenten. So lassen sich Zeitfenster identifizieren, in denen Sie sich um Vorspeise und Dessert kümmern können. Typische Pausen von lang nach kurz: Garzeiten von Schmorgerichten, Braten, Brot, Kuchen, Hülsenfrüchten, Knödeln und Nudeln. Während der Braten im Ofen brutzelt, können Sie den Tisch decken, die Beilagen zubereiten und vielleicht schon mal den Wein verkosten. Immer sinnvoll: Zwischendurch in der Küche klar Schiff machen, sonst sieht man am Schluss den Wald vor lauter Bäumen nicht mehr.

8. OFEN UND HERD GLEICHZEITIG VERWENDEN

Sie haben nur einen Backofen, wollen aber gleichzeitig Lammbraten und Crème brûlée zubereiten? Keine gute Idee. Überlegen Sie sich am besten schon bei der Planung des Menüs, welche Küchengeräte dabei zum Einsatz kommen. Wenn Sie gleichzeitig mit Herd und Ofen arbeiten, sparen Sie Zeit und Arbeit. Leicht umzusetzen ist beispielsweise ein Menü, das aus einer kalten Vorspeise, einem Ofengericht mit Beilagen aus Topf und Pfanne und einem Dessert besteht, das man idealerweise schon am Vortag zubereitet hat.

Einfach, aber genial

Bühne frei für die Produkte, die allen schmecken und mit wenig Aufwand maximalen Eindruck schinden. Echte Hingucker eben, die Ihren Gästen das Gefühl geben, dass Sie sie mal so richtig verwöhnen wollen – und dabei im Handumdrehen zubereitet sind. Quick, easy and delicious.

DIE TOP 10: EASY ZUTATEN FÜR EIN PERFEKTES DINNER

1. Trüffel, Steinpilze & Co.

Mit Edelpilzen lassen sich viele schnelle Gerichte im Handumdrehen adeln. Angefangen beim schlichten Rührei über Omelett, Polenta, Gnocchi und Risotto bis hin zu Tagliatelle: Alle bekommen durch das erdig-würzige Pilzaroma die Aura des Besonderen. Wer den Klassiker bevorzugt, hobelt hauchdünne Späne vom französischen schwarzen Trüffel (auch Wintertrüffel oder Périgord-Trüffel genannt) oder abhängig von der Jahreszeit auch weißen Trüffel aus Italien (Alba- oder Piemont-Trüffel) kurz vor dem Servieren direkt über das fertige Gericht. Ein wenig mehr Aufwand, dafür weniger Kosten machen frische Steinpilze, Morcheln oder Pfifferlinge.

2. Luftgetrockneter Schinken

Mit einer Variation von getrocknetem Schinken kann man nichts verkehrt machen. Vom berühmten Prosciutto di Parma über Serranoschinken bis hin zu Jamón Ibérico – sie alle eignen sich als köstliche Tapas, wenn sie in Handarbeit gefertigt wurden und lange reifen durften. Wer Rindfleisch bevorzugt, serviert italienischen Bresaola oder Bündner Fleisch aus der Schweiz, das aus Rindfleisch hergestellt wird. Mit frischem Brot, wenigen Tropfen bestem Olivenöl, ein paar Spänen Parmesan und einigen Stielen jungem Rucola ein wahrer Genuss!

3. Salami de luxe

Wenn Sie ein Wurstliebhaber sind, entscheiden Sie sich auch hier für luftgetrocknete Varianten mit langen Reifezeiten. Es gibt sie in unzähligen Ausführungen und Geschmacksrichtungen, probieren Sie sich also ruhig durch die Feinkostabteilungen. Ebenfalls lohnt es sich, die Augen auf Wochenmärkten offen zu halten, so ergattert man mitunter auch besondere Schmankerl aus Wildschwein-, Hirsch- oder Rehfleisch.

4. Oliven, Kapern und Artischocken

Eine liebevoll zusammengestellte Vorspeisenplatte mit mediterranen Köstlichkeiten ist eine einfache Alternative, wenn wenig Zeit zum Kochen zur Verfügung steht. Wichtig ist, dass die Bestandteile frisch und von hoher Qualität sind. Am besten entscheiden Sie sich daher beim Einkaufen für den Feinkoststand auf dem Wochenmarkt. Hier können Sie sich gründlich beraten lassen und dürfen meistens auch von den angebotenen Waren kosten. Infos für den Einkauf von Oliven finden Sie auf Seite 30. Ausschlaggebend für den Geschmack ist bei Kapern die Größe der Knospen. Je kleiner sie sind, desto feiner und milder ist ihr Geschmack. Wenn Sie die Kapern als Tapas servieren, greifen Sie getrost zu den großen Kapernäpfeln.

5. Räucherfisch

Lachs, Forelle und Saibling gehören zu den Vorspeisenklassikern – egal ob schlicht mit frischem Baguette und Meerrettichsahne, auf Salaten oder etwas opulenter in Crêpes gerollt, als Mousse oder in Terrinen. Bevorzugen Sie den Einkauf beim Fischhändler

Ihres Vertrauens. Hier können Sie sicher sein, dass Sie hochwertige und frische Ware bekommen. Tipp: Fragen Sie rechtzeitig nach, denn nicht alles ist immer vorrätig und einiges muss vorbestellt werden.

6. Meeresfrüchte

Wer seine Gäste beeindrucken will, serviert Garnelen oder Jakobsmuscheln als Entree. Die exklusiven Meeresbewohner schmecken nicht nur edel, sie lassen sich zudem mit wenig Aufwand selbst zubereiten.

Bei Jakobsmuscheln wählen Sie am besten frische Exemplare, die es von Oktober bis Mai im gut sortierten Fachhandel zu kaufen gibt (eventuell vorbestellen!). Nicht vergessen: Wie alle frischen Meeresfrüchte müssen auch Jakobsmuscheln noch am selben Tag zubereitet werden. TK-Ware lässt sich zwar besser aufbewahren und auf Vorrat einkaufen, fällt geschmacklich aber etwas ab. Wie Garnelen schmecken Jakobsmuscheln am besten kurz gebraten oder gegrillt auf Salat - ganz ohne Schnickschnack.

7. Granatapfel & Co.

Salate, Beilagen, Saucen, Desserts und Käsevariationen lassen sich mit frischen Früchten im Handumdrehen in opulente Farb- und Geschmacksspiele verwandeln. Granatapfelkerne, Feigen, Mangos oder Beeren bringen Farbe auf den Teller und sind geschmacklich eine Wucht. Achten Sie beim Einkauf auf höchste Qualität. Unreifes Obst ist geschmacklich ein Reinfall, sonnenverwöhnte Früchte stellen dagegen kulinarische Highlights dar, die durchaus auch für sich stehen können. Tipp: mit angerösteten Walnüssen, Pinienkernen oder Pistazien kombinieren.

8. Frische Pasta

Wer qualitativ hochwertige fertige Pasta zur Verfügung hat, kann aus wenigen Zutaten köstliche Gerichte zaubern. Wichtig ist, schon in den Wochen, bevor die Gäste kommen, ein wenig zu experimentieren, denn gerade bei gefüllten Nudeln wie Ravioli oder Tortellini sind die Qualitätsunterschiede zum Teil beträchtlich. In Kombination mit Salbeibutter, Trüffelspänen, gebratenen Meeresfrüchten oder gedünsteten Tomaten ergeben sich köstliche Geschmackserlebnisse. Und der Aufwand? Gering.

9. Gut gereifter Käse

Fast alle Gerichte lassen sich mit qualitativ hochwertigen Käsen verfeinern. Köstlich ist die Kombination von Gorgonzola und Birne auf Crostini, Flammkuchen oder in Salaten. Auch gratinierter Ziegenkäse im Speckmantel mit Feigen, Roter Bete oder Chutney ist für die schnelle Küche empfehlenswert, ebenso wie gehobelte Parmesanspäne mit Rucola, Basilikum, Tomaten und Pinienkernen.

10. Macarons, Pralinen, Petits Fours

Da kann keiner widerstehen! Wenn Sie quietschbunte Macarons servieren, wird niemand merken, dass Sie keine Zeit hatten, ein aufwendiges Dessert zuzubereiten. Das französische Feingebäck ist ein Klassiker auf dem Nachspeisenbüffett. Erhältlich sind die gefüllten Mandelbaisers in Konditoreien oder über den Online-Fachhandel.

Wer es schokoladiger mag, entscheidet sich für Pralinen. Sie schmecken besonders gut zu einem starken Espresso oder Dessertwein.

Petits Fours sind Mini-Törtchen, die mit Marmelade, Buttercreme oder Marzipan gefüllt und mit Zuckerguss, Fondant oder Schokolade überzogen werden. Eilige Gourmets kaufen sie beim Konditor ihres Vertrauens oder bestellen sie im Internet.

Die besten Vorspeisen

Scharfer Möhren-Basilikum-Salat mit Oliven-Tomaten-Relish

Zutaten für 5 Personen

Für das Fladenbrot
1 TL Rohrohrzucker
½ Würfel Hefe
400 g Mehl
2 EL getrocknete Kräuter
30 ml Olivenöl und Öl zum Backen

Für den Möhren-Basilikum-Salat
500 g Möhren
2 Äpfel
1 Zitrone
1 rote Chilischote
50 g Walnusskernhälften
20 Basilikumblätter
100 ml Olivenöl
1 TL Salz
1 EL Honig
200 g Feta (Schafskäse)

Für das Oliven-Tomaten-Relish
1 rote Zwiebel
1 Zweig Rosmarin
1 rote Chilischote
500 g Ochsenherzentomaten
100 g Oliven (ohne Stein)
2 EL Olivenöl
1 TL edelsüßes Paprikapulver
1 TL Rohrohrzucker
Salz // Pfeffer aus der Mühle

1. Für das Kräuterfladenbrot Zucker und Hefe mit 200 ml lauwarmem Wasser in einer Schüssel auflösen. Mehl, Kräuter und Öl dazugeben und alles zu einem geschmeidigen, glatten Teig kneten. Den Teig zugedeckt an einem warmen Ort 30 bis 45 Minuten gehen lassen, bis er sein Volumen verdoppelt hat.

2. Den Backofen auf 200 °C vorheizen. Ein Backpapier mit Olivenöl bestreichen und auf ein Backblech legen. Den Teig nochmals durchkneten und in 5 gleich große Stücke teilen. Aus den Teiglingen 5 handtellergroße Fladen formen und auf das Backblech legen. Weitere 15 Minuten gehen lassen.

3. Inzwischen für den Salat die Möhren und die Äpfel waschen und trocken reiben. Die Möhren schälen. Zusammen mit den Äpfeln in eine Schüssel raspeln. Die Zitrone halbieren und auspressen. Den Saft zu den Möhren- und Apfelraspeln geben.

4. Die Chilischote längs halbieren, entkernen, waschen und fein hacken. Walnusskerne grob hacken und in einer Pfanne ohne Fett rösten, bis sie duften, beiseitestellen. Die Basilikumblätter waschen und trocken schütteln. Mit Öl, Salz, Honig, Chili und gehackten Walnüssen unter die Rohkost mischen und 20 Minuten ziehen lassen. Zum Schluss den Feta über den Salat bröckeln.

5. Für das Oliven-Tomaten-Relish die Zwiebel schälen und fein würfeln. Rosmarin waschen, trocken schütteln und die Nadeln fein hacken. Die Chilischote längs halbieren, entkernen, waschen und ebenfalls fein hacken. Die Tomaten waschen, vierteln, die Kerne entfernen und das Fruchtfleisch würfeln. Die Oliven grob hacken.

6. In einem Topf das Olivenöl erhitzen. Paprikapulver und Zucker darin anrösten. Zwiebel, Chili und Rosmarin kurz mitbraten. Zuletzt die Tomaten dazugeben. Das Relish noch einmal kurz aufkochen und mit Salz und Pfeffer abschmecken. Beiseitestellen.

7. Die Fladenbrote im Ofen 20 bis 25 Minuten backen, bis sie goldbraun sind. Herausnehmen, kurz abkühlen lassen und mit der Möhren-Rohkost und dem Relish anrichten.

Orientalischer Kartoffelsalat und gefüllte Blätterteigtaschen

Zutaten für 5 Personen
Für den Kartoffelsalat
1 kg festkochende Kartoffeln
Salz
3 grüne Spitzpaprikaschoten
3 Frühlingszwiebeln
3 Gewürzgurken
½ Bund Petersilie
1 Zitrone
6 EL Olivenöl
1 TL Essig
1 TL Paprikaflocken (scharf)
Pfeffer aus der Mühle

Für die Blätterteigtaschen
1 Zwiebel
1 EL Olivenöl
300 g Rinderhackfleisch
2 rote Spitzpaprikaschoten
2 TL edelsüßes Paprikapulver
2 TL getrockneter Thymian
1 TL Chilipulver
½ Bund Petersilie
Salz // Pfeffer aus der Mühle
2 Eier
2 Packungen Blätterteig (aus dem Kühlregal)
100 g geriebener Emmentaler
100 g Sesamsamen

1. Für den Kartoffelsalat die Kartoffeln mit Schale in reichlich Salzwasser etwa 20 Minuten weich kochen. Anschließend abgießen, kurz abkühlen lassen und pellen. Kartoffeln klein würfeln.

2. Die Spitzpaprika längs halbieren, entkernen, waschen und in Würfel schneiden. Die Frühlingszwiebeln putzen, waschen und in Ringe schneiden. Die Gewürzgurken in Scheiben schneiden. Petersilie waschen, trocken schütteln und die Blätter fein hacken. Alles mit den Kartoffeln vermischen. Die Zitrone halbieren und auspressen. Zitronensaft, Olivenöl und Essig hinzufügen. Paprikaflocken dazugeben und mit Salz und Pfeffer abschmecken.

3. Für die Blätterteigtaschen die Zwiebel schälen, fein würfeln und in Olivenöl glasig anbraten, das Hackfleisch dazugeben und mitbraten. Die Spitzpaprika längs halbieren, entkernen, waschen, in Würfel schneiden und mitbraten. Paprikapulver, Thymian und Chilipulver unterrühren.

4. Die Petersilie waschen, trocken schütteln, fein hacken und hinzufügen. Mit Salz und Pfeffer würzen. Die Pfanne vom Herd nehmen. Hackfleisch-Mix abkühlen lassen.

5. Die Eier trennen. Den Blätterteig entrollen und in kleine Quadrate schneiden. Die Seiten mit Eiweiß bestreichen. In die Mitte jedes Quadrats je 1 EL Hackfleischmischung füllen und etwas Emmentaler hinzufügen.

6. Backofen auf 180 °C vorheizen. Jedes Quadrat zu einem Dreieck zusammenklappen und die Ecken mit einer Gabel andrücken, damit die Tasche nicht auseinanderfällt. Jede Tasche mit einem Messer ein paar Mal einschneiden und mit Eigelb bestreichen. Sesamsamen großzügig darüberstreuen. Die Taschen auf ein mit Backpapier belegtes Backblech legen und im Ofen etwa 15 Minuten goldbraun backen. Herausnehmen und mit dem Kartoffelsalat servieren.

Flusskrebs-Avocado-Salat mit Gurkendressing

1. Die Gurken schälen, längs halbieren und entkernen. Für das Dressing die Hälfte der Gurken grob würfeln. Anschließend die Chilischoten längs aufschneiden, entkernen, waschen und in feine Ringe schneiden. Ingwer schälen und hacken. Die Orange halbieren und auspressen. Gurkenwürfel, Ingwer, Orangensaft, Fischsauce und Zucker fein pürieren. Chiliringe unterrühren. Mit Salz und Pfeffer abschmecken.

2. Flusskrebsfleisch kurz abspülen und gut abtropfen lassen. Salate putzen, waschen und trocken schleudern. 5 Blätter beiseitelegen. Übrigen Salat und übrige Gurke hacken. Koriander waschen, trocken schütteln und die Blättchen abzupfen.

3. Avocados halbieren, den Stein herauslösen. Die Avocados schälen, von 1 Avocado 10 sehr dünne Spalten abschneiden und mit Limettensaft beträufeln. Den Rest der Avocado hacken. Mit gehacktem Salat, Gurkenwürfeln, Koriander und Gurkendressing mischen. Mit Avocadospalten und Flusskrebsen auf den Salatblättern anrichten.

Zutaten für 5 Personen

1 ½ Salatgurken
1 ½ rote Chilischoten
30 g Ingwer
1 ½ Orangen
2 EL Fischsauce
3 TL brauner Zucker
Salz // Pfeffer aus der Mühle
300 g Flusskrebse
2 Romanasalate
6 Stiele Koriander
2 Avocados
2 TL Limettensaft

Kräuter-Panna-cotta auf Rote-Bete-Carpaccio

Zutaten für 5 Personen
Für die Kräuter-Panna-cotta
2 EL Olivenöl
1 Bund gemischte Kräuter
5 Blatt Gelatine
400 g Sahne
150 g Ziegenfrischkäse
100 g saure Sahne
Salz // Pfeffer aus der Mühle

Für das Rote-Bete-Carpaccio
2 Rote Beten
(vorgegart und vakuumiert)

Für die Vinaigrette
4 EL Honigsenf
5 EL Cassis
(Schwarzer Johannisbeersirup)
6 EL Olivenöl

Für die Deko
10 Walnusskernhälften
Feldsalat
schwarze Sesamsamen
(nach Belieben)

1. Fünf Gläser oder runde Förmchen (à 150 ml) mit Olivenöl einstreichen. Die Kräuter waschen und trocken schütteln, die Blätter von den Stielen zupfen und fein hacken. In einer kleinen Schüssel die Gelatine in kaltem Wasser 10 Minuten einweichen.

2. Die Sahne in einem Topf aufkochen. Die Gelatineblätter mit den Händen gut ausdrücken, in die heiße Sahne geben und unter Rühren darin auflösen.

3. Gehackte Kräuter, Ziegenfrischkäse, saure Sahne, Salz und Pfeffer unterrühren. Die Mischung in die Gläser füllen und etwa 4 Stunden in den Kühlschrank stellen.

4. In der Zwischenzeit die Roten Beten mit einem Hobel in hauchdünne Scheiben schneiden und auf einem Teller überlappend anrichten.

5. Honigsenf, Cassis und Olivenöl zu einer Vinaigrette rühren und über die Roten Beten geben. Walnüsse hacken, Feldsalat waschen, trockenschleudern. Die Kräuter-Panna-cotta aus dem Kühlschrank holen, neben das Carpaccio stürzen, mit Pfeffer bestreuen und mit Feldsalat, gehackten Walnüssen und nach Belieben Sesamsamen garnieren.

Gratinierte Feige mit Ziegenkäse und Feldsalat

Zutaten für 5 Personen
500 g Feldsalat
5 Feigen
200 g Ziegenfrischkäse
5 TL Honig
Salz // Pfeffer aus der Mühle
70 g Räucherspeck (in Scheiben)
1 Orange
100 g Walnusskernhälften
Aceto balsamico bianco
Olivenöl

1. Den Backofen auf 220 °C vorheizen. Den Feldsalat verlesen, gründlich waschen und trocken schleudern. Die Feigen über Kreuz einschneiden und mit Ziegenfrischkäse füllen. Über jede Feige 1 TL Honig träufeln und mit Salz und Pfeffer würzen.

2. Die gefüllten Feigen nebeneinander auf ein Backblech setzen, den Speck dazulegen und alles im Ofen auf der mittleren Schiene etwa 10 Minuten backen.

3. Inzwischen die Orange so großzügig schälen, dass auch die weiße Haut mit entfernt wird. Die Filets zwischen den einzelnen Trennhäuten herausschneiden, den austretenden Saft auffangen. Die Walnüsse grob hacken und in einer Pfanne ohne Fett rösten, bis sie duften. Beiseitestellen. Aus Essig, Öl und aufgefangenem Orangensaft eine Vinaigrette rühren, mit Salz und Pfeffer würzen.

4. Den Feldsalat mit dem Dressing anmachen, die gratinierten Feigen und den Speck dazusetzen, die Orangenfilets dazulegen. Die Walnüsse aufstreuen und servieren.

Spinatsalat mit Lachs und Beeren-Vinaigrette

Zutaten für 5 Personen
Für den Lachs
5 Lachsfilets (à 125 g; ohne Haut)
4 TL getrocknete Beeren
(Heidelbeeren, Himbeeren,
Cranberrys, Brombeeren)
6 EL Olivenöl
4 TL Rosa Pfefferbeeren
3 TL Pfeffer aus der Mühle
2 TL gemahlener Espresso

Für die Vinaigrette
300 g frische Brombeeren
Aceto Balsamico
(z.B. Waldfrucht-Balsamico)
Heidelbeergelee
4–5 EL Olivenöl
Senf
Salz // Pfeffer aus der Mühle

Für den Spinatsalat
500 g junger Blattspinat
je 2 EL frische Brombeeren und
Heidelbeeren
1 EL frische Himbeeren
6 EL Pistazien

1. Für das Lachsfilet den Backofen auf 140 °C vorheizen. Die Fischfilets waschen und trocken tupfen. Den Lachs in eine Auflaufform legen. Die getrockneten Beeren grob zerbröseln. Den Fisch mit Olivenöl bestreichen und dann mit angedrückten Rosa Pfefferbeeren und den zerdrückten Beeren belegen. Pfeffer und Espressopulver darüberstreuen. Die Lachsfilets im Ofen etwa 20 Minuten garen.

2. Für die Vinaigrette die Brombeeren waschen und vorsichtig trocken tupfen. Zusammen mit 3 EL Wasser pürieren, danach durch ein Sieb streichen. Brombeerpüree mit Balsamico, Heidelbeergelee, Olivenöl, Senf sowie bei Bedarf etwas Waser zu einer cremigen Vinaigrette rühren. Mit wenig Salz und Pfeffer würzen.

3. Für den Spinatsalat den Spinat waschen, verlesen und trocken schleudern. Den Salat in einer Schüssel mit einem großen Teil der Vinaigrette mischen. Auf fünf Teller verteilen und die frischen Beeren darauf anrichten, die Pistazien darüberstreuen. Den gebackenen Lachs dazulegen und einen Teil der Vinaigrette über den Lachs träufeln.

Thunfischfilet in Chiasamen-Kruste auf Rucola-Mango-Salat

1. Für den Salat die Mangos schälen, das Fruchtfleisch auf den flachen Seiten vom Stein schneiden und klein würfeln. Die Schalotten schälen und fein hacken. Minze und Koriander waschen, trocken schütteln und ebenfalls fein hacken. Die Paprika halbieren, entkernen, waschen und fein würfeln. Rucola waschen, verlesen, harte Stängel entfernen und trocken schleudern. Die Chilischote längs halbieren, entkernen, waschen und ebenfalls fein würfeln.

2. Die Orange heiß waschen und trocken reiben. Die Schale fein abreiben und den Saft auspressen. Olivenöl, Senf, Balsamico, wenig Salz, Orangensaft und -schale sowie Agavendicksaft zu einer Marinade verrühren. Alle Zutaten zu einem Salat vermischen und 30 Minuten ziehen lassen.

3. Inzwischen für das Thunfischfilet in Chiasamen-Kruste das Thunfischfilet waschen und trocken tupfen. Curry und Sojasauce mischen, mit Fleur de Sel und Pfeffer abschmecken. Chiasamen auf einen Teller geben. Den Thunfisch so portionieren, dass er nach dem Braten in Scheiben geschnitten werden kann.

4. Den Thunfisch zuerst in der Gewürzmischung und anschließend in den Chiasamen wälzen, sodass er rundum davon überzogen ist. Die Chiasamen leicht andrücken.

5. Das Öl in einer Pfanne erhitzen und den Thunfisch darin von allen Seiten anbraten. Er sollte innen rot bleiben. Den gebratenen Thunfisch in dünne Scheiben schneiden, auf dem Salat anrichten und mit Salz und Pfeffer würzen.

Zutaten für 5 Personen
Für den Salat
2 Mangos
2 Schalotten
1 Handvoll Minze
1 Handvoll Koriander
1 rote Paprikaschote
200 g Rucola
1 Chilischote
1 Bio-Orange
Olivenöl
Senf
Aceto balsamico bianco
Salz
2 EL Agavendicksaft

Für das Thunfischfilet
500 g Thunfisch (Sushiqualität)
1 EL Currypulver
2 EL Sojasauce
Fleur de Sel
Pfeffer aus der Mühle
2 EL Chiasamen
2 EL Öl

Thunfisch- und Lachstatar auf grünem Salat

Zutaten für 5 Personen
Für das Thunfischtatar
400 g Thunfisch (Sushiqualität)
4–6 dünne Frühlingszwiebeln
1 kleine rote Chilischote
3 EL Sesamöl
1 EL Sojasauce
Salz
Sesamsamen

Für das Lachstatar
400 g Lachs (Sushiqualität)
1 große reife Avocado
1 kleine rote Chilischote
½ Limette
Salz
2 EL Olivenöl

Für das Salatbett
1 Handvoll Feldsalat
½ Limette
3 EL Olivenöl
Salz

1. Für das Thunfischtatar das Thunfischfilet waschen, trocken tupfen und fein würfeln. Frühlingszwiebeln putzen, waschen und in feine Ringe schneiden. Die Chilischote längs halbieren, entkernen, waschen und ebenfalls fein würfeln.

2. Alle Zutaten in eine Schüssel füllen und mit Sesamöl, Sojasauce und 1 Prise Salz mischen.

3. Für das Lachstatar das Lachsfilet waschen, trocken tupfen und fein würfeln. Die Avocado halbieren und den Stein entfernen. Die Avocado schälen und das Fruchtfleisch klein würfeln. Die Chilischote längs halbieren, entkernen, waschen und ebenfalls klein würfeln.

4. Alle vorbereiteten Zutaten in eine Schüssel füllen und vorsichtig mischen. Limette auspressen. 1 TL Salz, Olivenöl und Limettensaft unter das Tatar rühren.

5. Feldsalat waschen, putzen und trocken schleudern. Die Limette auspressen. Öl, Limettensaft und 1 TL Salz zu einer Vinaigrette rühren und unter den Feldsalat heben. Salat auf fünf Teller verteilen und die beiden Tatars darauf anrichten, Sesamsamen darüberstreuen.

Brot und Oliven: Appetizer, die Spaß machen

Der Hauptgang schmort im Backrohr der Vollendung entgegen, die Vorspeise ist noch nicht ganz fertig angerichtet, zwei, drei Handgriffe müssen Sie noch erledigen - mit diesen charmanten Häppchen können Sie Ihren Gästen die Zeit bis zum ersten Gang recht angenehm vertreiben und Sie selbst bleiben dabei ganz entspannt.

OLIVENÖL

Olivenöl ist nicht gleich Olivenöl. Damit Sie Ihre Wahl nicht bereuen, können Sie beim Einkauf auf folgende Aspekte achten:

Nur „natives Olivenöl extra" kaufen! Innerhalb der EU ist genau festgelegt, welches Öl diese Bezeichnung beziehungsweise „extra vergine" auf dem Etikett tragen darf. Es ist die höchste Qualitätsstufe und darunter sollte man auf keinen Fall gehen, wenn man Olivenöl pur (eventuell gewürzt mit einer Prise Salz) servieren möchte.

Achten Sie auf das Herkunftsland. Am besten entscheiden Sie sich für ein Produkt, das eine geschützte Ursprungsbezeichnung oder eine geschützte geografische Angabe auf dem Etikett hat. So können Sie die Produktionskette von der Ernte bis zur Abfüllung verfolgen.

Greifen Sie zu Bio-Produkten. Bei Olivenöl ist bio qualitativ wirklich meistens besser.

1 l Bio-Olivenöl extra vergine für 10 Euro? Verdächtig! Gutes Olivenöl ist teuer und kann sogar rund 40 Euro pro Liter kosten. Wird es sehr viel günstiger angeboten, ist irgendetwas faul. Entweder stimmt die Qualität nicht oder die Produktionsbedingungen waren nicht fair.

Sortenreine Olivenöle für Kenner und Liebhaber: Wer das Besondere sucht, entscheidet sich für ein Olivenöl, das aus einer einzigen Olivensorte gewonnen wurde.

OLIVEN

Schön ist eine Mischung aus grünen und schwarzen Oliven. Achten Sie auf gute Qualität. Schwarze Oliven sollten keinesfalls künstlich geschwärzt sein. Am besten schmecken sie ganz naturbelassen, mit Stein. Mit folgenden Sorten treffen Sie eine gute Wahl:

Grüne Gordal: Sie ist groß, fleischig und mild im Geschmack. Perfekt als Snack, aber auch im Martini.

Grüne Manzanilla: Wer gefüllte Oliven mag, kommt an dieser Frucht nicht vorbei. Die spanische Olive (zu Deutsch: „kleiner Apfel") wird meist mit Mandeln, Paprika oder Sardellenpaste gefüllt serviert.

Schwarze Kalamata: Sie wird in Griechenland kultiviert, ist rötlich braun, sehr aromatisch und ein wenig salzig. Wird oft eingelegt in Kräutern und Knoblauch angeboten.

AUF DIE STULLE

Ein paar Scheiben duftendes Brot, ein Schälchen Oliven, ein paar Tropfen besonderes Olivenöl und ein Blitzdip – mehr brauchen Sie nicht für einen entspannten Einstieg ins perfekte Dinner.

BROT AUS DEM TOPF

Selbst gebackenes Brot ist ein echtes Highlight – und lässt sich so gut am Vorabend vorbereiten! Ideal für alle, die mit wenig Stress ein perfektes Dinner servieren wollen. Für ein saftiges Brot mit schöner Krume und knuspriger Kruste braucht man:

450 g Mehl (z.B. Weizenmehl Type 1050) und Mehl zum Arbeiten
2 TL Salz
¼ TL Trockenhefe

- Das Mehl mit Salz und Hefe mischen. 300 ml lauwarmes Wasser dazugeben und kurz zu einem glatten Teig rühren. Den Teig bei Zimmertemperatur 12 bis maximal 24 Stunden gehen lassen.
- Einen ofenfesten Topf mit gut schließendem Deckel (26–28 cm Durchmesser) auf die mittlere Schiene stellen und den Backofen auf 250 °C (Umluft) vorheizen. Den feuchten Teig auf der bemehlten Arbeitsfläche mit einer Teigkarte mehrmals von außen nach innen falten.
- Den Teig in den heißen Topf legen, den Deckel auflegen und das Brot im heißen Ofen 30 Minuten backen. Den Deckel abnehmen, die Temperatur auf 220 °C reduzieren und das Brot weitere 15 bis 20 Minuten backen, bis die Oberfläche eine goldbraune Kruste bekommt. Das Brot aus dem Topf stürzen und auf einem Rost abkühlen lassen. Dazu passt ein Kräuter-Blitzdip.

KRÄUTER-BLITZDIP

½ Bund Basilikum
100 g griechischer Joghurt (10 % Fett)
100 g Speisequark
Salz // Pfeffer // Chiliflocken
½ TL abgeriebene Bio-Zitronenschale // Olivenöl

Basilikum waschen, trocken schütteln und die Blätter in feine Streifen schneiden. Joghurt und Quark verrühren, Basilikum hinzufügen. Den Dip mit Salz, Pfeffer, Chiliflocken und der Zitronenschale würzen und in ein Schälchen füllen. Etwas Olivenöl darüberträufeln und nach Belieben mit Zitronenschale, Chiliflocken und Basilikum garnieren.

Mit einer selbst gemachten Kräuter- oder Tomatenbutter, verfeinert mit Ihrem Lieblingsgewürz, können Sie immer punkten!

Surf-&-Turf-Sushi

Zutaten für 5 Personen
Für den Reis
1 Tasse Sushi-Reis
1 Stück getrockneter Kombu (Alge; ca. 10 × 15 cm)
1 EL Sake

Für das Dressing
2 EL Reisessig
Salz
2 EL Zucker

Für die Sauce
2 EL Zucker
2 EL Mirin
2 EL Sojasauce

Für Fisch und Fleisch
200 g Lachs (Sushiqualität)
200 g Entrecôte
1 EL Öl
3–5 EL Mayonnaise (am besten japanische Mayonnaise)
Sprossen zum Garnieren
3–5 TL Sesamsamen

1. Den Reis so lange in reichlich Wasser waschen, bis das Wasser klar bleibt. Reis, 1 Tasse Wasser, Kombu und Sake in einem Topf aufkochen und zugedeckt bei schwacher Hitze 15 Minuten köcheln lassen. Vom Herd nehmen und zugedeckt 20 Minuten quellen lassen. Den Reis umrühren und noch 5 Minuten quellen lassen. Den Kombu herausnehmen.

2. Für das Dressing Essig, 1 TL Salz und Zucker in einer kleinen Schüssel so lange verquirlen, bis sich der Zucker aufgelöst hat. In einer großen Schüssel vorsichtig das Dressing mit dem Reis vermengen, bis jedes Reiskorn mit Dressing ummantelt ist.

3. Für die Sauce Zucker, Mirin und Sojasauce in einer kleinen Schüssel so lange verquirlen, bis der Zucker sich aufgelöst hat.

4. Den Lachs mit einem scharfen Messer in möglichst dünne Scheiben schneiden. Das Fleisch trocken tupfen und ebenfalls in dünne Scheiben schneiden. Das Öl in einer Pfanne erhitzen und das Entrecôte darin wenige Sekunden auf jeder Seite scharf anbraten. Beiseitestellen.

5. Aus dem vorbereiteten Reis kleine Reisstücke formen, mit Lachs und Entrecôte belegen und mit Mayonnaise toppen. Anschließend kurz mit dem Flambierbrenner flambieren. Sprossen und Sesamsamen aufstreuen.

Überbackene Jakobsmuschel und Lachsterrine

Zutaten für 5 Personen

Für die überbackene Jakobsmuschel

5 Jakobsmuscheln
1 EL Olivenöl
40 g getrocknete Tomaten in Öl (abgetropft)
2 Knoblauchzehen
je 5 Stiele Thymian, Rosmarin und Basilikum
40 g Parmesan
100 g Schmand
1 EL Rotwein

Für die Lachsterrine

6 Blatt Gelatine
200 g Räucherlachs
300 g Frischkäse
ca. 85 g gemischte TK-Kräuter
Salz
Chilisalz
weißer Pfeffer

1. Die Jakobsmuscheln in dem Olivenöl rundum braun anbraten. In fünf Förmchen geben. Die Tomaten fein würfeln. Knoblauch schälen und fein hacken. Die Kräuter waschen, trocken schütteln und fein hacken. Parmesan reiben.

2. Den Ofen auf 200 °C vorheizen. Den Schmand mit Tomaten, Wein, Knoblauch und Kräutern verrühren, den Parmesan unterheben und die Masse auf den Jakobsmuscheln verteilen. Im Ofen etwa 15 Minuten überbacken.

3. Für die Lachsterrine eine Kastenform mit Frischhaltefolie auslegen. In einer kleinen Schüssel die Gelatine in kaltem Wasser 10 Minuten einweichen. Den Räucherlachs hacken und mit einem Mixer sehr fein pürieren. Frischkäse, Kräuter und den pürierten Lachs mit einem Mixer kurz zu einer homogenen Masse pürieren. Mit Salz, Chilisalz und Pfeffer abschmecken.

4. Die Gelatineblätter mit den Händen gut ausdrücken und leicht erwärmen, bis sie sich vollständig aufgelöst haben.

5. 3 bis 4 EL Lachs-Kräuter-Creme in die aufgelöste Gelatine einrühren und zügig in die restliche Creme einarbeiten. Die Masse in die mit Frischhaltefolie ausgelegte Form füllen und mindestens 4 Stunden in den Kühlschrank stellen. Die Terrine vorsichtig aus der Form lösen, in etwa 1 cm breite Scheiben schneiden und servieren.

DAS BESONDERE EXTRA: LACHSTATAR MIT KIWI UND FRISCHKÄSE

Räucherlachs fein würfeln und in eine Schüssel geben. 2 EL Olivenöl, Saft von ½ Limette, etwas geriebenen Ingwer und Thymian, Salz und Pfeffer hinzufügen. In einer anderen Schüssel Frischkäse mit 1 EL Quark verrühren, mit Olivenöl und Limettensaft abschmecken. 2 geschälte Kiwis klein würfeln. Auf die Teller mithilfe einer kleinen Rundform einen Boden aus Kiwiwürfeln setzen, 1 Schicht Frischkäsecreme und darauf eine gute Lage Lachstatar daraufgeben. Die Rundform vorsichtig abziehen.

Fränkische Gazpacho mit Meerrettich-Eis

Zutaten für 5 Personen
Für das Meerrettich-Eis
120 g frischer Meerrettich
100 g Zucker
870 ml Ayran (türkisches Erfrischungsgetränk aus Joghurt)
300 g Sahne
Salz
4 Eigelb

Für die Gazpacho
5 Schalotten
3 Äpfel
40 g Butter
1½ TL brauner Zucker
750 g Rote Beten (vorgegart und vakuumiert)
120 ml Weißwein (z.B. Riesling)
310 ml Rote-Bete-Saft
310 g Sahne
Salz // Pfeffer aus der Mühle
3 EL Essig
2 EL Öl

Für die Tomatenbutter
20 g getrocknete Tomaten in Öl, abgetropft
8 grüne Oliven (ohne Stein)
3 Knoblauchzehen
½ TL Salz
Pfeffer aus der Mühle
½ TL edelsüßes Paprikapulver
130 g weiche Butter
5 Scheiben Dinkelbrot

1. Für das Meerrettich-Eis den Meerrettich schälen und reiben. Zucker in einem Topf karamellisieren. Meerrettich unterrühren. Mit Ayran und Sahne aufgießen und mit Salz abschmecken. Alles kurz aufkochen.

2. Die Eigelbe in einer Schale über dem heißen Wasserbad schaumig aufschlagen. Die Ayran-Sahne durch ein feines Sieb dazugießen und weiterrühren. Masse unter Rühren abkühlen lassen. Die ausgekühlte Eismasse in der Eismaschine oder im Tiefkühlfach gefrieren lassen.

3. Für die Gazpacho die Schalotten schälen. 2 davon grob schneiden. Die Äpfel schälen. ½ Apfel beiseitelegen, die übrigen entkernen und in kleine Stücke schneiden. Butter in einem breiten Topf zerlassen, grobe Schalottenstücke und Äpfel darin andünsten. Mit Zucker bestreuen, karamellisieren. 500 g Rote Beten klein schneiden, dazugeben. Mit Wein ablöschen, mit Rote-Bete-Saft auffüllen. Alles aufkochen, Sahne angießen. Mit Salz und Pfeffer würzen. Bei mittlerer Hitze 15 Minuten köcheln lassen. Suppe pürieren und abkühlen lassen.

4. Inzwischen für die Tomatenbutter Tomaten, Oliven und Knoblauch klein hacken und in eine Schüssel geben. Gewürze dazugeben und verrühren. Die Butter in Stücken dazugeben und cremig verrühren.

5. Zum Fertigstellen übrige Rote Beten, ½ Apfel und Schalotten fein würfeln. Alles in eine Schüssel geben, mit Salz, Pfeffer, Essig und Öl abschmecken. Rote-Bete-Salat in tiefen Tellern anrichten, die Suppe darübergießen. Mit einem warmen Esslöffel aus dem Meerrettich-Eis Nocken abstechen und auf die Suppe setzen. Dinkelbrot mit der Tomatenbutter dazu servieren.

DAS BESONDERE EXTRA: SELBST GEMACHTES DINKELBROT
Wer noch Zeit zum Backen hat, knetet aus 300 g Dinkelvollkornmehl, 200 g Dinkelmehl, 2 TL Salz, 1 Prise braunem Zucker und 10 ml Aceto balsamico mit 450 ml lauwarmem Wasser, 1 Würfel Hefe und 1 TL Brotgewürz einen glatten Teig. In eine Brotbackform füllen, in den kalten Backofen stellen, Temperatur auf 225 °C einstellen und das Brot 55 bis 60 Minuten backen. Herausnehmen, aus der Form stürzen und auf einem Kuchengitter abkühlen lassen.

Maronencremesuppe mit Portweinpflaume

Zutaten für 5 Personen
2 Zwiebeln
2 EL Olivenöl
400 g Maronen
(vorgegart und vakuumiert)
400 ml Kalbsfond
50 ml Weißwein
Salz // Pfeffer aus der Mühle
5 Pflaumen
100 g Kalbshackfleisch
Zimtpulver
200 ml weißer Portwein

1. Die Zwiebeln schälen und in Streifen schneiden. Das Öl in einem großen Topf erhitzen. Zwiebeln und Maronen darin etwa 2 Minuten anbraten. Mit dem Fond ablöschen und 25 Minuten kochen. 250 ml Wasser und Weißwein angießen und noch einmal aufkochen lassen. Mit Salz und Pfeffer würzen. Mit dem Pürierstab zu einer cremigen Suppe pürieren.

2. Für die Portweinpflaume die Pflaumen waschen, trocken tupfen, halbieren und entkernen.

3. Den Backofen auf 100 °C vorheizen. Das Hackfleisch nach Belieben mit Salz, Pfeffer und 1 Prise Zimt würzen und verkneten. Jede Pflaumenhälfte mit Hackfleischmasse füllen. Die Pflaumen in eine Auflaufform setzen und die Form mit Portwein auffüllen. Portweinpflaumen im Ofen etwa 35 Minuten backen, bis sie beginnen zu zerfallen und die Füllung schön braun wird.

4. Die fertige Suppe auf fünf tiefe Teller verteilen und je 2 Pflaumenhälften in die Mitte jeder Portion setzen.

FRISCHE MARONEN: Noch aromatischer wird die Suppe, wenn man sie mit frischen Maronen (sie haben von November bis Februar Saison) zubereitet. Dazu die Esskastanien kreuzweise einritzen, 5 Minuten in kochendem Wasser garen, abgießen, kurz abschrecken und möglichst heiß pellen, damit sich auch die braune Haut vom Fruchtfleisch ablösen lässt.

Bayerische Mostsuppe mit Zimtcroûtons

Zutaten für 5 Personen
Für die Suppe
1 Zwiebel
1 Möhre
40 g Butter
2 gehäufte EL Mehl
½ l Gemüse- oder Fleischbrühe
½ l Apfelwein (ersatzweise Weißwein)
Salz // Pfeffer aus der Mühle
200 g Sahne
frisch geriebene Muskatnuss
Zucker
Thymianblätter oder -blüten zum Garnieren (nach Belieben)

Für die Croûtons
100 g Graubrot
2 EL Butter
½ TL Zimtpulver

1. Für die Suppe die Zwiebel schälen und in Würfel schneiden. Die Möhre waschen, schälen und klein schneiden. Die Butter in einem Topf erhitzen und das Gemüse darin anbraten. Mit Mehl bestäuben und kurz anschwitzen. Die Brühe und den Wein einrühren, mit Salz und Pfeffer würzen und 15 Minuten köcheln lassen.

2. Für die Croûtons das Brot in Würfel schneiden. Die Butter in einer Pfanne erhitzen und die Brotwürfel darin rösten, bis sie knusprig sind. Mit Zimt bestäuben und durchmischen. Beiseitestellen.

3. Die Suppe durchsieben, Sahne dazugeben und noch einmal aufkochen lassen. Mit Salz, Pfeffer, 1 Prise Muskatnuss und Zucker abschmecken. Die Suppe auf fünf tiefe Teller verteilen und mit den Croûtons anrichten. Nach Belieben mit Thymianblättern oder -blüten bestreuen.

WAS IST EIGENTLICH MOST? Most ist ein regionaltypisches Getränk aus vergorenem Fruchtsaft. Meist wird Apfel- oder Birnenwein so bezeichnet, aber es gibt Most auch als „Cuvée", das heißt, er wird aus vergorenem Apfel-, Birnen- und zum Beispiel Quittensaft gemischt.

Silvaner-Mandelsuppe mit Salamigröstl und Focaccia

1. Für die Focaccia das Mehl, die Hefe, 350 ml lauwarmes Wasser, 15 ml Olivenöl und 1 TL Salz in eine Schüssel geben und mit den Händen oder mit der Küchenmaschine zu einem glatten Teig verarbeiten.

2. Teig auf einem mit Backpapier belegten Backblech ausrollen und tiefe Löcher in den Teig drücken. Übriges Olivenöl und das grobe Salz in einer Schüssel verrühren und großzügig und gleichmäßig über die Focaccia streichen.

3. Rosmarin waschen und trocken schütteln. Die Nadeln von den Zweigen streifen und über der Focaccia verteilen. Das Brot an einem warmen Ort 1 bis 1 ½ Stunden gehen lassen.

4. Backofen auf 200 °C (Umluft) vorheizen. Focaccia mithilfe einer Sprühflasche mit gut 100 ml heißem Wasser besprühen und im Ofen 30 bis 35 Minuten backen. Herausnehmen und auf einem Kuchengitter abkühlen lassen.

5. Für die Mandelsuppe den Ofen auf 150 °C vorheizen und die Mandeln auf einem Blech 20 Minuten rösten. Kurz abkühlen lassen, grob hacken.

6. Die Zwiebel schälen und in Würfel schneiden. Die Butter in einem Topf erhitzen und die gehackten Mandeln und die Zwiebel darin unter Rühren anbraten. Den Wein dazugeben und kurz aufkochen lassen, dann Brühe, Estragon, Zimt sowie etwas Salz und Pfeffer dazugeben und gut 25 Minuten köcheln lassen.

7. Inzwischen die Salami in schmale Streifen schneiden. Das Öl in einer Pfanne erhitzen und die Salami darin kross anbraten. Beiseitestellen.

8. Sojasahne und Schmand in die Suppe geben und unter Rühren kurz aufkochen lassen. Die Suppe fein pürieren. Mit Salz, Pfeffer und Zitronensaft abschmecken.

9. Die Silvaner-Mandelsuppe auf fünf tiefe Teller verteilen und jede Portion in der Mitte mit 1 EL Salamigröstl garnieren. Focaccia dazu servieren.

Zutaten für 5 Personen

Für die Focaccia

700 g Mehl
¾ Würfel Hefe
75 ml Olivenöl
Salz
1 ½ TL grobes Salz
4 Zweige Rosmarin

Für die Silvaner-Mandelsuppe

400 g Mandeln (blanchiert)
100 g Zwiebel
50 g Butter
400 ml Weißwein (z. B. Silvaner)
1 ½ l Gemüsebrühe
1 TL getrockneter Estragon
1 Msp. Zimtpulver
Salz // Pfeffer aus der Mühle
100 g Eberswalder Knüppelsalami (ersatzweise andere feste Salami)
1 EL Rapsöl
250 g Sojasahne
200 g Schmand
Zitronensaft

Rindssubbn mit Buddagniedla

Zutaten für 5 Personen
Für die Brühe
2 kg Wurzelgemüse
(Möhren, Sellerie, Zwiebel mit Schale, Pastinaken)
1 kg Rindsknochen
2 kg Suppenfleisch
2 Gewürznelken
8 Wacholderbeeren
3 Lorbeerblätter
Salz // Pfeffer aus der Mühle
2 EL Schnittlauchröllchen

Für die Buddagniedla
1 kg Butterschmalz zum Ausbacken
150 g sehr weiche Butter
4 Eier
150 g Semmelbrösel
Salz
frisch geriebene Muskatnuss

1. Für die Brühe das Gemüse in einem großen Topf anrösten. Die Knochen und das Suppenfleisch dazugeben und alles mit kaltem Wasser aufgießen, bis das Fleisch ganz bedeckt ist. Langsam aufkochen lassen, Schaum abschöpfen. Die Hitze reduzieren und die Brühe 3 bis 5 Stunden leicht köcheln lassen.

2. Sobald das Fleisch fast zerfällt, das Gemüse und die Knochen absieben und die Gewürze etwa 10 bis 15 Minuten in der Brühe ziehen lassen, danach entfernen. Die Brühe kräftig mit Salz und Pfeffer abschmecken.

3. Für die Buddagniedla das Butterschmalz in einem weiten Topf auf etwa 180 °C erhitzen. Inzwischen alle Zutaten in eine Schüssel geben und mit den Knethaken des Handrührgeräts zu einer formbaren Masse kneten. Mit einem Esslöffel Nocken abstechen und mit feuchten Händen zu Knödeln formen, mit einem Löffel ins heiße Fett gleiten lassen. Es sollten nicht mehr als 3 Stück zugleich im Fett sein, da sie sehr schnell braun werden. Sobald die Gniedla goldbraun sind, mit einem Schaumlöffel herausnehmen und auf Küchenpapier entfetten.

4. Die fertigen Buddagniedla auf fünf tiefe Teller verteilen. Die Gniedla mit der Brühe übergießen, Schnittlauch darüberstreuen und servieren.

Zum Ankommen und Anstoßen

Herrlich, Eiswürfel klimpern in den Gläsern, die Aromen von Kräutern, Beeren oder Zitrusfrüchten steigen einem in die Nase und die Vorfreude auf das Menü wächst. Der Aperitif ist bei einem stilvollen Essen nicht wegzudenken. Er erleichtert den Gästen das Ankommen und wärmt den Magen vor. Hier finden Sie Inspiration für besondere Drinks, die sich ganz einfach zusammenrühren lassen – ohne dass Sie lange mit Shaker und besonderem Zubehör hantieren müssen.

GIN MIT GURKENLIMONADE

Zutaten für 5 Personen

1 Bio-Salatgurke
3 Bio-Limetten
200 g Zucker
50 g Ingwer
200 ml Gin
Eiswürfel
Gurkenschale für die Deko

Die Gurke waschen und schälen. Die Schale 24 Stunden in 1 l Wasser einlegen. 200 ml Wasser und den Zucker in einem Topf aufkochen. Den Saft von 2 Limetten und 4 Scheiben Ingwer dazugeben und kochen, bis ein dickflüssiger Sirup entsteht. Kühl stellen. Vor dem Servieren das Gurkenwasser und den Sirup mischen. Die übrige Limette in Scheiben schneiden. Je 4 cl Gin, 3 bis 4 Eiswürfel, 1 Limettenscheibe und einige Gurkenschalen in jedes Glas geben und mit der Gurkenlimonade auffüllen.

WEISSWEIN MIT ROSMARIN

Zutaten für 5 Personen

625 ml Weißwein
50 ml Tonic Water
5 TL Limettensaft
6 cl Limettensirup
6 Zweige Rosmarin
Eiswürfel

Alle Zutaten bis auf die Eiswürfel mischen und 1 bis 1 ½ Stunden im Kühlschrank ziehen lassen. Weißweingläser mit je 4 bis 5 Eiswürfeln füllen. Den Rosmarin aus dem Wein entfernen und den Aperitif auf die Gläser verteilen.

GRANATAPFEL SPRITZ

Zutaten für 5 Personen

1 Granatapfel
10 TL Granatapfelsirup
5 Scheiben Bio-Zitrone
5 Stiele Minze
Eiswürfel
1,25 l Tonic Water
1 Flasche Prosecco

Den Granatapfel halbieren. Die Kerne herauslösen und auf große Cocktailgläser verteilen. In jedes Glas gut 2 TL Granatapfelsirup füllen. Jeweils 1 Zitronenscheibe, 1 Stiel Minze und 4 bis 5 Eiswürfel in die Gläser füllen. Anschließend mit je 250 ml Tonic Water und 150 ml Prosecco aufgießen.

FJELLBEKK (GEBIRGSBACH)

Zutaten für 5 Personen

Eiswürfel
4 cl Linie Aquavit
Zitronenlimonade
Tonic Water
5 Bio-Limettenscheiben
5 Minzeblätter

Die Eiswürfel in ein Highballglas füllen. Aquavit hinzufügen und je zur Hälfte mit Limonade und Tonic Water auffüllen. Umrühren. Mit Limettenscheiben und Minze garnieren.

LONGDRINK MIT WERMUT

Zutaten für 5 Personen

5 Bio-Orangen
Eiswürfel
10 cl Wermut
1 Flasche Tonic Water

Die Orangen heiß abwaschen und trocken reiben. Die Schale mit dem Sparschäler spiralförmig schälen. Longdrinkgläser mit Eiswürfeln und je 1 Orangenschale füllen. 2 cl Wermut in jedes Glas geben und mit Tonic Water auffüllen.

CAMPARICOCKTAIL

Zutaten für 5 Personen

6 Zweige Minze
400 ml Pink Grapefruitsaft
50 ml Campari
Eiswürfel
Tonic Water

Minze mit Grapefruitsaft und Campari mischen und mindestens 2 Stunden im Kühlschrank ziehen lassen. Je 2 Eiswürfel auf Cocktailgläser verteilen. Die Grapefruit-Mischung durch ein feines Sieb in die Gläser gießen. Mit Tonic Water auffüllen.

6 BASIS-SPIRITUOSEN, DIE IN KEINEM HAUSHALT FEHLEN DÜRFEN

Aus diesen hochprozentigen Genossen lassen sich ganz easy abwechslungsreiche Aperitifs mixen. Je nach Vorliebe mischen Sie die harten Kerle mit Säften, Sirups und Likören, Tonic Water und Mineralwasser – getoppt von Kräutern, Beeren, Gurkenscheiben oder Oliven.

WODKA

Der relativ neutrale Geschmack bietet anderen Zutaten jede Menge Raum, um ihre Aromen zu entfalten. Wichtig: immer eisgekühlt servieren!

GIN

Es gibt unendlich viele Sorten. Mit einem London Dry Gin wie dem Bombay Sapphire ist man aber auf jeden Fall gut bedient.

WHISKEY

Scotch am besten pur bei 20 bis 22 Grad genießen. Als Grundlage für Cocktails ist Rye Whiskey beliebt.

WERMUT

Mit Wermut und anderen Kräutern aromatisierter Wein mit höherem Alkoholgehalt. Für Aperitifs wird oft ein „Extra dry“ oder „Rosso“ verwendet.

CAMPARI

Der italienische Likör ist für klassische Drinks wie Campari Soda, Campari Orange, Americano und Negroni unentbehrlich.

APEROL

Der kleine Bruder des Campari weist einen niedrigeren Alkoholgehalt auf und eignet sich perfekt für softe Aperitifs.

… aber bitte alkoholfrei!

Ohne ist das neue Mit: Dass die Gäste sich alkoholfreie Aperitifs wünschen, ist inzwischen selbstverständlich. Zu Recht! Denn statt Orangensaft pur gibt es heute viele raffinierte alkoholfreie Cocktailalternativen (sogenannte Mocktails), die geschmacklich und optisch ebenbürtig sind. Und oftmals sind sie sogar leichter und besonders schnell zuzubereiten. Wer es sich ganz einfach machen möchte, greift zu bewährten Klassikern wie Fruchtsecco, Crodino oder Sanbittèr – noch mehr punkten Sie aber mit diesem Drink …

VIRGIN BASIL SMASH

Für 2 Gläser

25–30 Basilikumblätter
4 cl Zuckersirup (siehe Tipp)
4 cl Zitronensaft
120 ml Soda oder Ginger Beer
Eiswürfel
Basilikumblätterzum Garnieren

- Die Basilikumblätter waschen. Mit dem Zuckersirup in einen Shaker geben und mit dem Stoßel etwas zerdrücken.
- Zitronensaft, Soda oder Ginger Beer und Eiswürfel dazugeben und kräftig shaken, in Tumbler mit je 4 Eiswürfeln abseihen. Mit Basilikum garnieren und servieren.

TIPP: Zuckersirup ist ein häufiger Bestandteil von Cocktails und Mocktails und einfach selbst gemacht. Für den Zuckersirup Zucker und Wasser zu gleichen Teilen in einem kleinen Topf zum Kochen bringen und unter Rühren 15 bis 20 Minuten zähflüssig (aber nicht zu fest!) kochen. Dann abkühlen lassen, dabei dickt er noch etwas nach. In einer Flasche im Kühlschrank ist er etwa 3 Monate haltbar.

Nichts geht über den Showeffekt – mit außergewöhnlichen Eiswürfeln, zum Beispiel einem großen Kugeleisball oder Crushed Ice (Achtung, kann den Drink verwässern!).

Parmesan-Törtchen mit bunten Tomaten und karamellisierten Walnüssen

Zutaten für 4 Personen

Für die Parmesan-Törtchen
200 g Mehl
75 g Butter und Butter für die Förmchen
5 Eier
Salz
250 g Magerquark
100 g Sahne
75 ml Milch
200 g Parmesan
frisch geriebene Muskatnuss
Pfeffer aus der Mühle
400 g bunte Kirschtomaten
½ Zitrone
2 TL Honig
2 EL Olivenöl
Rucola zum Garnieren
50 g Walnusskernhälften

Für den Feldsalat
300 g Feldsalat
1 Granatapfel
2 TL Feigensenf
3 EL Walnussöl
2 EL Aceto balsamico
1 Knoblauchzehe
Salz // Pfeffer aus der Mühle
100 g Pecannüsse

1. Mehl, Butter, 2 Eier und 2 Prisen Salz zu einem glatten Teig verkneten, in Frischhaltefolie wickeln und 30 Minuten in den Kühlschrank stellen. Backofen auf 165 °C (Umluft) vorheizen. Quark, Sahne, Milch und die übrigen Eier vermengen. Parmesan fein reiben und unterrühren. Mit 1 Prise Muskatnuss und 1 TL Pfeffer würzen.

2. Tomaten waschen, halbieren und beiseitestellen. Zitrone auspressen, mit Honig, Olivenöl und 1 Prise Salz vermengen, Tomaten dazugeben. Teig aus dem Kühlschrank holen und kleine runde Teiglinge formen. Tarteförmchen gut fetten und Teiglinge in die Form geben. Käse-Sahne-Masse in die Formen gießen und im Ofen etwa 15 Minuten backen.

3. Die Törtchen aus dem Ofen holen und abkühlen lassen. Rucola waschen und trocken schleudern.

4. Walnüsse klein hacken und in einer Pfanne ohne Fett anrösten, bis sie duften. Erst Rucola, dann die Tomaten-Mischung und zum Schluss die Walnüsse auf die Törtchen geben.

5. Feldsalat waschen, putzen und trocken schleudern. Granatapfel halbieren. Kerne zwischen den weißen Häutchen herauslösen (Vorsicht: spritzt!) und zum Feldsalat geben. Feigensenf mit Walnussöl und Balsamico vermengen. Knoblauch schälen, durchpressen und mit Salz und Pfeffer würzen. Das Dressing 1 Stunde ziehen lassen.

6. Auf den Feldsalat geben. Pecannüsse anrösten und dazugeben. Salat und Törtchen nebeneinander anrichten und servieren.

Paella wie von Oma

Zutaten für 5 Personen
2 EL Olivenöl
½ Packung TK-Meeresfrüchte
10 Garnelen
10 Miesmuscheln
1 rote Paprikaschote
250 g TK-Erbsen
250 g Risottoreis
2 kleine Gläser Fischfond
1 Msp. Safran
Salz // Pfeffer aus der Mühle
edelsüßes Paprikapulver
1 Bio-Zitrone

1. Das Olivenöl in einer Pfanne erhitzen. Meeresfrüchte und Garnelen in der Pfanne anbraten. Sobald die Meeresfrüchte angebraten sind und die Garnelen eine schöne orange Farbe angenommen haben, herausnehmen und beiseitestellen.

2. Einen Topf mit Wasser aufkochen und die Miesmuscheln 10 bis 15 Minuten darin kochen. Die Paprika längs halbieren, entkernen, waschen und klein schneiden. Erbsen und Paprika in einer Pfanne anbraten, danach den Reis dazugeben, kurz mitbraten.

3. Mit Fischfond ablöschen, Safran dazugeben. So lange garen, bis der Reis bissfest ist. Mit Salz, Pfeffer und Paprikapulver abschmecken. Gegebenenfalls Wasser nachgießen, bis der Reis gar ist. Meeresfrüchte, Garnelen und Miesmuscheln auf dem Reis erwärmen. Die Zitrone in Spalten schneiden und die Paella damit garnieren.

Trüffelpasta

Zutaten für 5 Personen
Für die Pasta
200 g Mehl und Mehl zum Arbeiten
2 Eier
1 TL Salz
2 EL Öl

Für die Sauce
2 Zwiebeln
10 Champignons
1 Schuss Olivenöl
100 ml Weißwein
500 g Sahne
1 Stück frischer Trüffel

1. Für die Pasta alle Zutaten miteinander verkneten und zu einem glatten, geschmeidigen Teig verarbeiten. Den Teig 30 Minuten in den Kühlschrank legen.

2. Den Teig aus dem Kühlschrank nehmen und mit der Nudelmaschine oder dem Nudelholz portionsweise zu dünnen Platten ausrollen. Die Teigplatten auf einem bemehlten Küchentuch kurz antrocknen lassen. Mit dem Aufsatz der Nudelmaschine zur gewünschten Nudelart, z. B. Tagliatelle, schneiden. Erneut kurz trocknen lassen. In reichlich kochendem Salzwasser 3 bis 4 Minuten bissfest kochen.

3. Für die Sauce die Zwiebeln schälen und in feine Würfel schneiden. Die Champignons putzen und in Würfel schneiden. Olivenöl in einer Pfanne erhitzen und die Zwiebeln darin anbraten. Die Pilze dazugeben und mitbraten. Mit Wein ablöschen. Zum Schluss die Sahne hinzufügen.

4. Die Pasta abgießen, kurz abtropfen lassen und unter die Sauce mischen. Auf fünf Teller verteilen. Den frischen Trüffel am Tisch darüberhobeln.

BLITZTIPP: Auch mit frischen Nudeln aus dem Feinkostladen wird das Gericht ein Gedicht. Wenn die Nudeln mit Roter Bete, Tomaten oder Spinat gefärbt sind, können Sie auch optisch punkten. **Mehr zu Trüffeln finden Sie auf Seite 10.**

Zitronengrasspieße mit Koriander, Erdnussdip und Wildkräutersalat

Zutaten für 5 Personen
Für die Zitronengrasspieße
1 Brötchen vom Vortag
400 g Hähnchenbrustfilet
5 Stiele Koriander
4 EL Sweet-Chili-Sauce
1 Ei
Salz
Cayennepfeffer
10 Stängel Zitronengras
Pankomehl
Öl zum Frittieren

Für den Erdnussdip
1 walnussgroßes Stück Ingwer
150 g Erdnusskerne
Saft von 1 Limette
2 EL Honig
½ TL gemahlene Kurkuma
2 EL Sojasauce
150 ml Kokosmilch

Für den Wildkräutersalat
2 Handvoll Wildkräutersalat
2 EL Essig
5 EL Olivenöl
½ TL Honig
Salz // Pfeffer aus der Mühle

Außerdem
Öl zum Frittieren
40 g Glasnudeln

1. Das Brötchen in einer kleinen Schüssel in Wasser einweichen. Das Hähnchenbrustfilet waschen, trocken tupfen und klein würfeln. Koriander waschen, trocken schütteln und fein hacken. Das Brötchen ausdrücken und mit dem gewürfelten Hähnchenfleisch, der Sweet-Chili-Sauce, Koriander, Ei, Salz und Cayennepfeffer mischen.

2. Die Zitronengrasstängel halbieren. Die Geflügelmasse zu Kugeln formen, in Pankomehl wenden und jeweils auf eine Zitronengrashälfte spießen. Das Öl in einem weiten Topf auf 160 °C erhitzen und die Spieße darin etwa 6 bis 7 Minuten frittieren.

3. Für den Dip den Ingwer schälen und fein reiben. Erdnüsse, Ingwer, Limettensaft, Honig, Kurkuma und Sojasauce in der Küchenmaschine mixen. Kokosmilch dazugießen, bis die gewünschte Konsistenz erreicht ist.

4. Das Öl in einem weiten Topf auf 60 °C erhitzen und die Glasnudeln darin ausbacken. Den Salat waschen und trocken schleudern. Aus Essig, Öl, Honig, Salz und Pfeffer eine Vinaigrette herstellen. Salat auf fünf Teller verteilen, Dressing darüberträufeln. Die Spieße und die frittierten Glasnudeln darauf anrichten und den Erdnussdip dazu servieren.

Cordon bleu vom Kaninchen mit Kräuterseitlingen

1. Für die Cordons bleus die Kaninchenschenkel zwischen Frischhaltefolie legen und flach klopfen, Folie entfernen, das Fleisch mit Salz und Pfeffer würzen. Rosmarin und Salbei waschen, trocken schütteln, Nadeln bzw. Blätter abstreifen und fein hacken. Das Fleisch mit 1 Scheibe Parmaschinken, Rosmarin und Salbei belegen und wie ein Cordon bleu mit einem kleinen Spieß verschließen.

2. Den Backofen auf 140 °C vorheizen. Die Eier in einer Schüssel aufschlagen und mit dem geriebenen Parmesan verquirlen. Die Cordons bleus darin wenden. Reichlich Olivenöl in einer Pfanne erhitzen und die gefüllten Kaninchenschnitzel darin ausbacken. Danach 10 Minuten im Ofen nachgaren lassen.

3. Für die Kräuterseitlinge die Pilze säubern und längs in Scheiben schneiden. Die Butter in der Pfanne erhitzen und die Pilze darin anbraten. Mit Salz, Pfeffer und Petersilie würzen.

4. Für den Wintersalat die Salatmischung waschen und trocken schleudern. Balsamico, Olivenöl, Salz, Pfeffer und Salatkräuter vermischen. Den Salat auf fünf Teller verteilen, das Dressing darüberträufeln. Je 1 Cordon bleu auf jedem Teller platzieren und die gebratenen Pilze dazu anrichten.

Zutaten für 5 Personen
Für die Cordons bleus
5 Kaninchenschenkel (ausgelöst)
Salz // Pfeffer aus der Mühle
je 5 Zweige Rosmarin und Salbei
5 Scheiben Parmaschinken
2 Eier
100 g geriebener Parmesan
300 ml Olivenöl

Für die Kräuterseitlinge
200 g Kräuterseitlinge
50 g Butter
Salz // Pfeffer aus der Mühle
2 EL gehackte Petersilie

Für den Salat
Wintersalat
(z.B. Radicchio oder Fertigmischung)
Aceto balsamico
(am besten Brombeer-Balsamico)
Olivenöl
Salz // Pfeffer aus der Mühle
getrocknete Salatkräuter

Die besten Hauptspeisen

Kartoffel-Burger mit Apfel-Rotkraut und Mango-Chutney

Zutaten für 5 Personen

Für die Kartoffel-Burger
1 kg Kartoffeln
Salz
100 g Cashewkerne
1 Bund Rucola
1 klein gewürfelte rote Paprikaschote
200 g Haferflocken
1 EL Currypulver
1 EL Wasabipaste
Öl zum Anbraten

Für das Apfel-Rotkraut
1 Rotkohl (ca. 800 g)
2 rote Zwiebeln
6 EL Olivenöl
2 EL Rohrohrzucker
1 EL gehackter Ingwer
1 rote Chilischote
6 Lorbeerblätter
2 Zimtstangen
½ TL Kardamompulver
Saft von 2 Orangen
200 ml Gemüsebrühe
2 Äpfel
Salz // Pfeffer aus der Mühle

Für das Mango-Chutney
2 Mangos
50 g Ingwer
1 rote Chilischote
2 EL Öl
3 EL Rohrohrzucker
1 TL Amchur (grünes Mangopulver)
Salz

1. Für die Burger die Kartoffeln schälen, klein würfeln, in etwas Salzwasser gar kochen und stampfen. Die Cashewkerne anrösten und grob hacken. Den Rucola waschen, trocken schütteln und grob hacken.

2. Alles mit Haferflocken, 2 TL Salz, Curry und Wasabi in einer Schüssel zu einer geschmeidigen Masse verarbeiten und mit angefeuchteten Händen zu handtellergroßen Talern formen. Das Öl in einer Pfanne erhitzen und die Taler darin auf jeder Seite 4 bis 5 Minuten goldbraun anbraten.

3. Für das Apfel-Rotkraut den Rotkohl vierteln, den Strunk entfernen und die Blätter in feine Streifen schneiden. Die Zwiebeln schälen und fein würfeln. Das Olivenöl in einem Topf erhitzen, Zwiebelwürfel, Zucker, Ingwer, Chili dazugeben und 3 Minuten darin glasig dünsten. Das Rotkraut sowie die restlichen Gewürze dazugeben, den Orangensaft und die Brühe dazugießen, alles gut vermischen und bei geschlossenem Deckel und mittlerer Hitze etwa 40 Minuten köcheln lassen.

4. Kurz vor Schluss die Äpfel reiben und hinzufügen, mit 1 TL Salz und Pfeffer abschmecken. Ganze Gewürze entfernen.

5. Die Mangos schälen, das Fruchtfleisch auf den flachen Seiten vom Stein schneiden und klein würfeln. Den Ingwer schälen und fein hacken. Die Chili längs aufschneiden, entkernen, waschen und fein hacken. Das Öl in einer Pfanne erhitzen, Chili, Ingwer und Zucker 3 Minuten karamellisieren. Mangos, Amchur, ½ Salz und 50 ml Wasser dazugeben und 15 Minuten bei leicht geöffnetem Deckel einköcheln lassen.

6. Je 2 Kartoffel-Burger auf Teller setzen und mit dem Rotkraut sowie 1 Klecks Mango-Chutney füllen.

Gefüllte Spitzpaprika mit Kartoffeltornado und Kräuterdip

Zutaten für 3 Personen
Für die Kartoffeltornados
5 große Kartoffeln
edelsüßes Paprikapulver
Salz // Pfeffer aus der Mühle
5 EL Olivenöl
250 g Speisequark
½ Bund Schnittlauch (in Röllchen)
4 EL Milch

Für die gefüllten Paprika
3 Spitzpaprikaschoten
125 g Büffelmozzarella
200 g Feta (Schafskäse)
2 Knoblauchzehen
150 g Crème fraîche
20 g Tomatenmark
Salz // Pfeffer aus der Mühle
Olivenöl

Für den grünen Spargel
500 g grüner Spargel
Salz
2 EL Butter
1 TL Rohrohrzucker

Für die Rotweinreduktion
5 TL Zucker
¾ l Rotwein
½ l Portwein
je 20 Zweige Rosmarin und Thymian
Salz // Pfeffer aus der Mühle
5 EL kalte Butter

1. Den Backofen auf 180 °C vorheizen. Die Kartoffeln gründlich waschen, abbürsten und trocken tupfen. Mit Schale spiralförmig einschneiden. Paprikapulver, etwas Salz, Pfeffer und Olivenöl mischen und die Kartoffeln damit bestreichen, nebeneinander in eine Auflaufform legen. Im Ofen etwa 30 Minuten backen. Inzwischen für den Kräuterdip Quark, Schnittlauch und die Milch verrühren, mit Salz und Pfeffer würzen.

2. Inzwischen die Paprika waschen und trocken tupfen. Den Strunk abschneiden, Kerne und Trennwände entfernen. Mozzarella und Feta klein würfeln. Knoblauch schälen und fein hacken. Mozzarella, Feta und Knoblauch mit Crème fraîche, Tomatenmark, Salz und Pfeffer mischen. Die vorbereiteten Paprikaschoten damit füllen und in eine Auflaufform legen. Mit Olivenöl beträufeln und nach 15 Minuten zu den Kartoffeln in den Ofen stellen, weitere 15 Minuten backen.

3. Für die Rotweinreduktion den Zucker in einem Topf karamellisieren und mit dem Rot- und dem Portwein ablöschen. Die Kräuter waschen, trocken schütteln und dazugeben. Den Wein leicht köcheln und auf ein Drittel einreduzieren, mit Salz und Pfeffer abschmecken.

4. Den Spargel waschen und im unteren Drittel schälen. Die holzigen Enden abschneiden. Die Stangen 1 Minute in kochendem Salzwasser blanchieren, abgießen und mit kaltem Wasser abschrecken. Butter in einer Pfanne erhitzen und den Spargel darin bei mittlerer Hitze anbraten. Nach 4 bis 5 Minuten Zucker darüberstreuen und karamellisieren.

5. Die kalte Butter unter die Rotweinreduktion rühren. Die gefüllten Paprika mit Kartoffeltornado und Spargel auf Tellern anrichten. Rotweinreduktion und Kräuterdip dazu servieren.

Rotkohlsteak mit Drillingskartoffeln und Frühlingsgemüse

1. Für die Rotweinsauce einen großen Topf 2 Minuten heiß werden lassen. Olivenöl hinzufügen und 2 Minuten schwenken.Knoblauch und Zwiebel schälen, klein hacken und im Öl 3 bis 4 Minuten dünsten. Etwas Brühe hinzufügen, mit dem Schneebesen verrühren und zugedeckt bei schwacher Hitze 20 Minuten köcheln lassen. Restliche Brühe und den Wein hinzufügen und zugedeckt weitere 25 Minuten köcheln lassen. Mit Salz und Pfeffer abschmecken.

2. Inzwischen den Backofen auf 160 °C vorheizen. Rotkohl in daumendicke Scheiben schneiden. Knoblauch schälen und fein hacken. Öl in eine kleine Schüssel geben. Zitronensaft und Knoblauch unterrühren. Mit Salz und Pfeffer würzen. Rotkohlscheiben auf ein mit Backpapier belegtes Backblech legen, mit dem Knoblauch-Öl-Mix bestreichen und im Ofen etwa 20 Minuten backen. Herausnehmen und den Ziegenkäse auf den Rotkohlsteaks verteilen. Ahornsirup darüberträufeln und den Ziegenkäse weitere 10 Minuten goldbraun backen.

3. Kartoffeln waschen und abbürsten. In kochendem Salzwasser 15 bis 20 Minuten garen. Die Möhren putzen und schälen. Lauch gründlich waschen und in etwa 1 cm breite Ringe schneiden. Die Zuckerschoten waschen und schräg halbieren. Thymian waschen und trocken schütteln. Möhren mit Thymian in wenig kochendem Salzwasser zugedeckt 8 bis 10 Minuten garen. In den letzten 3 Minuten die Zuckerschoten dazugeben.

4. Kartoffeln abgießen, abtropfen und ausdampfen lassen. 30 g Butter und das Öl erhitzen. Kartoffeln bei mittlerer bis starker Hitze 10 Minuten braten. Mit Zitronenschale, Salz und Pfeffer würzen. Übrige Butter erhitzen und Lauch 5 Minuten dünsten. Restliches Gemüse dazugeben, in der Butter schwenken und mit Salz und Pfeffer würzen.

5. Rotkohlsteaks aus dem Ofen nehmen und mit Kartoffeln, Gemüse und Sauce servieren.

Zutaten für 4 Personen
Für die Rotweinsauce
2 EL Olivenöl
2 Knoblauchzehen
½ Zwiebel
½ l Rinderbrühe
¼ l Rotwein
Salz // Pfeffer aus der Mühle

Für die Rotkohlsteaks
350 g Rotkohl
3 Knoblauchzehen
3 EL Olivenöl
Saft von 1 Zitrone
Salz // Pfeffer aus der Mühle
150 g Ziegenkäse
2 EL Ahornsirup

Für die Beilagen
1 kg kleine Drillingskartoffeln
Salz
½ Bund junge Bundmöhren
1 Stange Lauch
100 g Zuckerschoten
3 Stiele Thymian
50 g Butter
4 EL Öl
Schale von ½ Bio-Zitrone
Pfeffer aus der Mühle

Pasta al Salmone mit Weißweinsahnesauce

Zutaten für 5 Personen
500 g Lachsfilet
300 g Kirschtomaten
2 kleine Zucchini
1 Bund Dill
1 große Zitrone
4 Knoblauchzehen
1 Bund Frühlingszwiebeln
500 g Pasta (z.B. Tagliatelle)
Salz
Butterschmalz zum Braten
Olivenöl
Pfeffer aus der Mühle
ca. 200 ml Weißwein
3 EL Tomatenmark
Zucker
gemahlener Kreuzkümmel
1 EL Senf
½ TL gekörnte Gemüsebrühe
getrockneter Thymian, Oregano, Rosmarin
400 g Sahne
Saucenbinder oder Stärke (nach Belieben)

1. Den Lachs gegebenenfalls häuten und in gleich große Stücke schneiden. Das Gemüse waschen. Die Tomaten halbieren. Die Zucchini längs halbieren und in sehr dünne Scheiben schneiden. Dill waschen, trocken schütteln und fein hacken. Die Zitrone halbieren und auspressen. Den Knoblauch schälen und fein hacken. Die Frühlingszwiebeln putzen, waschen und in Ringe schneiden.

2. Die Nudeln in reichlich kochendem Salzwasser nach Packungsanweisung bissfest kochen, abgießen und beiseitestellen.

3. Das Butterschmalz in einer großen tiefen Pfanne erhitzen und die Frühlingszwiebeln und den Knoblauch darin anbraten. Das Gemüse an den Rand schieben, Olivenöl in die Pfanne gießen und den Lachs darin von jeder Seite anbraten, salzen, pfeffern und mit Zitronensaft beträufeln. Dill einstreuen. Die Frühlingszwiebeln anschließend auf den Lachs heben und die Pfannenmitte erneut etwas frei machen. Darin die Zucchini anbraten.

4. Den Lachs auf die Zucchini heben, damit dieser nur indirekter Hitze ausgesetzt ist. Bevor die Zucchini weich werden, mit Wein ablöschen. Tomatenmark, Zucker, etwas Kreuzkümmel, Senf und Gemüsebrühe hinzufügen, nach Belieben mit Salz und Pfeffer abschmecken.

5. Die Tomaten und übrige Gewürze hinzufügen und alles bei schwacher Hitze weiterdünsten. Sahne und nach Belieben etwas Saucenbinder oder Speisestärke hinzufügen. Die abgetropften Nudeln auf fünf Teller verteilen, die Sauce mit dem Lachs darauf anrichten.

Kabeljau-Saltimbocca mit Mango-Reissalat und Riesengarnele

1. Die Garnelen waschen und trocken tupfen. Mit Chiliflocken, Knoblauch, Salz, Pfeffer und Olivenöl marinieren und etwa 2 Stunden ziehen lassen.

2. Inzwischen für den Reissalat die Mango schälen, das Fruchtfleisch vom Stein schneiden und klein würfeln. Die Paprika längs halbieren, entkernen, waschen und klein schneiden. Koriander und Minze waschen, trocken schütteln und hacken. Lauch längs aufschneiden, gründlich waschen und in feine Ringe schneiden, Cashewkerne in einer Pfanne anrösten, herausnehmen und klein hacken. Reis 40 Minuten kochen, kurz abkühlen lassen und mit dem vorbereiteten Obst und Gemüse mischen.

3. Für das Dressing Fischsauce, Sojasauce, Limettensaft und -schale, Mango-Chutney, Honig, Zucker, Indian Allrounder und Orangenkonzentrat verrühren und unter den Reissalat heben.

4. Für die Sauce den Apfel waschen, trocken reiben, schälen, vierteln, entkernen und klein schneiden. Die Banane schälen und in Scheiben schneiden. Die Ananas abgießen, den Saft auffangen und die Scheiben klein schneiden.

5. Eine Pfanne erhitzen und Butter, Limettenblätter, Currypaste und Kurkuma darin anrösten. Die Fischsauce und das vorbereitete Obst dazugeben, Kokosmilch und Fischfond angießen. Bei mittlerer Hitze 25 Minuten köcheln lassen, anschließend pürieren. Ananassaft, Curry Madras, Chutney und Sojasauce unterrühren. Vor dem Servieren schaumig pürieren.

6. Kabeljau in 150 g große Stücke schneiden, salzen und pfeffern. Mit 1 Salbeiblatt in 3 bis 4 Speckstreifen wickeln. Erst scharf anbraten und bei mittlerer Hitze fertig garen. In einer zweiten Pfanne die Garnelen scharf anbraten und bei mittlerer Hitze fertig garen.

7. Die Kabeljau-Saltimbocca mit Sauce und Garnelen anrichten, den Mango-Reissalat dazu reichen.

Zutaten für 5 Personen
Für Fisch und Garnele
12 Riesengarnelen (küchenfertig)
½ TL Chiliflocken
1 Knoblauchzehe (gehackt)
Salz // Pfeffer aus der Mühle
Olivenöl
750 g Kabeljau-Loins
5 Salbeiblätter
210 g Speck in dünnen Streifen

Für den Mango-Reissalat
1 Mango
1 rote Paprikaschote
je 1 kleines Bund Koriander und Minze
½ Stange Lauch
100 g Cashewkerne
250 g schwarzer Reis
1 EL Fischsauce // 2 EL Sojasauce
Saft und abgeriebene Schale von 1 Bio-Limette
3 TL Mangochutney
1 TL Honig // 1 TL Zucker
½ TL Indian Allrounder
3 Tropfen Orangenkonzentrat

Für die Sauce
1 Apfel // 1 Banane
1 kl. Dose Ananas (260 g Abtropfgewicht)
2 EL Butter
5 Kaffir-Limettenblätter
1 TL grüne Currypaste
½ TL gemahlene Kurkuma
3 EL Fischsauce
400 ml Kokosmilch
200 ml Fischfond
1 TL Curry Madras
2 TL Mango-Chutney
3 EL Sojasauce

Gebräunter Thunfisch im Busch

Zutaten für 5 Personen
Für den Thunfisch
5 Thunfischfilets
2 Zwiebeln
2 Knoblauchzehen
1 EL Dijonsenf
1 EL Salz
Pfeffer aus der Mühle
edelsüßes Paprikapulver
je ½ Bund Estragon, Majoran, Kerbel und Petersilie
2 Zweige Rosmarin
2 cl Zitronensaft
2 cl Bourbon
2 cl Sojasauce
4 cl Olivenöl

Für die Safransauce
2 g Safranfäden
2 Zwiebeln
1 EL Öl
Zucker
Salz // Pfeffer aus der Mühle
100 ml Weißwein
100 ml Gemüsebrühe
100 g Sahne

Für die Salicornes
400 g Salicornes
Salz
50 g Butterschmalz

Außerdem
500 g schwarze Tagliatelle
Salz

1. Die Thunfischfilets waschen, trocken tupfen und in einer großen Auflaufform mit allen Zutaten bedecken bzw. übergießen. Zugedeckt gut gekühlt etwa 2 Stunden ziehen lassen. Die Filets einmal wenden.

2. Für die Safransauce die Safranfäden in 100 ml Wasser etwa 15 Minuten einweichen. Die Zwiebeln schälen und fein hacken. Das Öl in einer Pfanne erhitzen und die Zwiebeln darin anbraten. Mit Zucker, Salz und Pfeffer abschmecken. Zum Ablöschen den Wein und die Brühe hinzufügen. Den Safransud und die Sahne einrühren. Nach Belieben pürieren oder mit ein wenig Stärke andicken.

3. Die Filets aus der Marinade nehmen und in einer Pfanne mit Öl etwa 30 Sekunden auf jeder Seite anbraten.

4. Den Backofen auf 180 °C vorheizen. Fünf Blätter Alufolie à 40 × 40 cm mit der Marinade befüllen. Je 1 Thunfischfilet in den Sud legen und die Alufolie zu einem Gartäschchen verschließen. Im Backofen 10 Minuten garen.

5. Die Tagliatelle nach Packungsanweisung in reichlich Salzwasser garen, abgießen.

6. Die gewaschenen Salicornes in heißem Salzwasser 2 Minuten blanchieren, abtropfen lassen und in einer Pfanne mit Butterschmalz etwa 5 Minuten anbraten.

7. Zum Anrichten die Gartäschchen öffnen. Thunfischfilets, Salicornes und Tagliatelle auf Tellern anrichten und mit Safransauce beträufeln.

DAS BESONDERE EXTRA: SELBST GEMACHTE SCHWARZE TAGLIATELLE

Dafür 200 g Mehl, 100 g Hartweizengrieß, 3 Eier, Salz, Öl und 1 EL Sepiatinte 10 bis 15 Minuten zu einem glatten Teig verkneten, zur Kugel formen, in Frischhaltefolie wickeln und mindestens 2 Stunden in den Kühlschrank stellen. Zum Zubereiten die Kugel vierteln und jedes Viertel in der Nudelmaschine stufenweise dünner walzen. Den gut bemehlten dünnen Teig vorsichtig zusammenrollen und in gleichmäßige Streifen schneiden. Die Tagliatelle 10 Minuten trocknen lassen und etwa 5 Minuten in reichlich Salzwasser kochen.

Zitronenrisotto mit Hähnchenbrust

1. Die Schalotten schälen und in feine Würfel schneiden. Das Öl in einer Pfanne erhitzen und die Schalotten darin anbraten. Den Reis dazugeben und ebenfalls andünsten. Wein und Brühe nach und nach angießen und den Reis etwa 30 Minuten ausquellen lassen.

2. Die Hähnchenbrustfilets mit Salz und Pfeffer würzen. Die Butter in einer Pfanne erhitzen und die Hähnchenbrustfilets darin von allen Seiten anbraten. Den Knoblauch schälen und mit dem Handballen leicht zerdrücken. Rosmarin waschen, trocken schütteln und die Nadeln abzupfen. Beides zum Fleisch in die Pfanne geben. Die Hähnchenbrustfilets etwa 10 Minuten garen, dabei immer wieder wenden und mit der Butter übergießen.

3. Das Zitronenrisotto mit Parmesan, Butter, Salz, Pfeffer und Zitronensaft abschmecken. Die Hähnchenbrustfilets mit Risotto auf fünf Tellern anrichten.

Zutaten für 5 Personen
3 Schalotten
3 EL Olivenöl
300 g Risottoreis
150 ml trockener Weißwein
1 l heiße Brühe
5 Hähnchenbrustfilets
Salz // Pfeffer aus der Mühle
5 EL Butter
1 Knoblauchzehe
1 Zweig Rosmarin
6 EL geriebener Parmesan
Zitronensaft

Putenroulade mit Kartoffelknödeln und Kirschtomaten

Zutaten für 5 Personen
Für die Mini-Kartoffelknödel
900 g mehligkochende Kartoffeln
3 Eigelb (Größe M)
75 g Speisestärke
50 g flüssige Butter
Salz
frisch geriebene Muskatnuss
3 EL Olivenöl

Für die Noilly-Prat-Sauce
10 kleine Schalotten
2 Knoblauchzehen
400 g Kirschtomaten
4 EL Öl
Zucker
Salz // Pfeffer aus der Mühle
125 ml Wermut (z.B. Noilly Prat)
5 Zweige Thymian
400 g Geflügelfond
200 g Sahne

Für die Putenroulade
200 g Thunfischfilet
100 g Doppelrahm-Frischkäse
½ TL abgeriebene Bio-Zitronenschale
5 EL gehackte Petersilie
Salz // Pfeffer aus der Mühle
5 Putenschnitzel (à 140 g)
1 EL Öl

1. Für die Mini-Kartoffelknödel die Kartoffeln waschen und abbürsten. Knapp mit Wasser bedeckt etwa 20 Minuten garen, abgießen. Backofen auf 150 °C vorheizen. Kartoffeln pellen und in eine Auflaufform geben. Im Ofen 10 bis 15 Minuten backen, herausnehmen. Ofen auf 80 °C herunterschalten. Kartoffeln durch eine Kartoffelpresse in eine Schüssel drücken. Den Vorgang noch einmal wiederholen. Eigelbe leicht verquirlen, zu den Kartoffeln geben. Speisestärke auf der Kartoffelmasse verteilen.

2. Die flüssige Butter untermischen. Mit 1 TL Salz und 1 Prise Muskatnuss würzen. Aus dem Kartoffelteig mit angefeuchteten Händen 20 bis 24 Klößchen formen und in reichlich Salzwasser 8 bis 10 Minuten gar ziehen lassen. Herausnehmen und abtropfen lassen. Öl in einer Pfanne erhitzen, Klöße darin auf beiden Seiten goldbraun anbraten. Herausnehmen, im Ofen warm halten.

3. Für die Sauce Schalotten schälen. Knoblauch schälen und in Scheiben schneiden. Tomaten waschen. Das Öl erhitzen, Schalotten und Knoblauch 3 Minuten darin anbraten. Tomaten dazugeben und 5 Minuten mitbraten, dann grob zerdrücken. Mit 1 Prise Zucker, Salz und Pfeffer würzen. Mit dem Wermut ablöschen. Thymian und den Fond dazugeben. Offen bei mittlerer Hitze etwa 25 Minuten köcheln lassen. Kurz vor dem Servieren die Sahne dazugießen und noch einmal aufkochen lassen.

4. Für die Putenroulade Thunfisch waschen, trocken tupfen und fein hacken. Mit Frischkäse, Zitronenschale, Petersilie, Salz und Pfeffer verrühren. Fischmasse auf die Schnitzel streichen, rundherum einen Rand von etwa 1 cm frei lassen. Schnitzel aufrollen und mit Holzspießen fixieren.

5. In einer Pfanne das Öl erhitzen, Schnitzel auf jeder Seite etwa 1 Minute anbraten, bei schwacher Hitze weitere 3 bis 4 Minuten garen. Die Holzspieße entfernen, die Rouladen in der Mitte halbieren und mit den Knödeln und der Sauce auf Tellern anrichten. Dazu passt Feldsalat mit Haselnüssen, Speck und Preiselbeervinaigrette.

Die Würze macht den Unterschied

Perfekt für Genießer: Wer seine Gewürzmischungen selbst herstellt, weiß immer genau, was drin ist. Geschmacksverstärker, künstliche Aromen und gehärtete Fette haben so keine Chance. Dafür bekommt man jede Menge frischen Geschmack, herrlich volle Aromen und individuelle Mischungen, die so schnell keiner nachmacht. Win-win!

KRÄUTER AUS EIGENEM ANBAU

Wer das Glück hat, einen eigenen Kräutergarten auf Balkon, Terrasse oder im Garten zu bewirtschaften, kennt die schwelgerische Freude, die einen an heißen Sommertagen bei der Ernte überkommt. Salbei, Thymian, Rosmarin, Oregano, Lavendel, Koriander, Minze und Dill verströmen ihre intensiv würzigen, süßlichen und wilden Aromen, wenn man sie auf Küchenpapier zum Trocknen ausbreitet. Nach wenigen Tagen können die getrockneten Kräuter zerkleinert und in dunkle, luftdichte Behälter abgefüllt werden – eine perfekte Basis für selbst komponierte Gewürzmischungen.

Mediterraner Mix

2 EL getrocknete Bio-Orangenschale
1 EL Fenchelsamen
1 TL getrocknete Lavendelblüten
1 TL bunte Pfefferkörner
1 EL getrockneter Thymian
1 EL getrockneter Oregano
1 EL getrockneter Majoran

Neptun-Mix für Fischliebhaber

abgeriebene Schale von 1 Bio-Orange
2 EL Korianderkörner
5 Gewürznelken
2 TL weißer Pfeffer aus der Mühle
2 TL Chiliflocken
2 TL Zimtpulver
¼ TL Salz
1 TL brauner Zucker
3 EL getrocknete Minze
3 EL Rosenblütenblätter

Hawaii-Mix gegen Fernweh

1 EL schwarze Pfefferkörner
1 EL Korianderkörner
½ EL Kreuzkümmelsamen
1 TL Kardamomkörner
1 EL gemahlene Kurkuma

Und so geht's:

Die getrockneten Kräuter, Samen und Kapseln im Mörser grob zerkleinern, mischen, in lichtundurchlässige, luftdichte Behälter abfüllen, beschriften und genießen.

KRÄUTER UND GEWÜRZE KAUFEN

Natürlich kann man nicht jedes exotische Kraut und ausgefallene Samen, Beeren und Kapseln im eigenen Garten kultivieren. Der Griff zum nächstbesten Gewürzpäckchen aus dem Supermarktregal ist dennoch nicht ratsam. Folgende Tipps sind wertvoll, um auf das volle Aroma zu kommen:

- Frische ist wichtig. Kaufen Sie daher, wenn möglich, nur kleine Mengen.

- Kaufen Sie Gewürze nur, wenn sie luftdicht verschlossen und lichtundurchlässig verpackt sind – bei Kräutern und Gewürzen, die offen angeboten werden, ist von Geschmack und Aroma meist nicht mehr viel übrig.

- Achten Sie auf Herkunft und Hersteller, um sicherzugehen, dass Sie es mit qualitativ hochwertigen Produkten zu tun haben.

- Kaufen Sie bevorzugt ganze und ungemahlene Gewürze. Die Aromastoffe bleiben so besser erhalten und die Gewürze können länger gelagert werden. Gut möglich ist dies zum Beispiel bei Pfeffer, Muskatnuss, Koriander, Piment, Kümmel oder Kreuzkümmel.

13 GEWÜRZE, DIE IN KEINEM HAUSHALT FEHLEN DÜRFEN

Auch wenn Frische wichtig ist, gibt es doch eine Grundausstattung an Kräutern und Gewürzen, die Sie immer zur Hand haben sollten. Mit diesen 13 Basics können Sie viele heimische, mediterrane, orientalische und asiatische Speisen würzen.

Schwarzer Pfeffer: Universalgewürz - am besten immer frisch mahlen!

Paprikapulver: typisch für deftige Hausmannskost, aber auch unerlässlich in vielen spanischen und mexikanischen Gerichten und ein Muss in allen Grill-Gewürzmischungen.

Muskatnuss: unerlässlich für viele Kartoffel- und Gemüsespeisen, gibt aber auch manchem Gebäck das gewisse Etwas.

Oregano: das italienische Gewürz schlechthin, das in keiner Pastasauce und keinem Ragout fehlen darf.

Thymian: Das leicht bitter schmeckende, wild-würzige Kraut passt zu allen Kartoffel- und Gemüsegerichten - herrlich zum Beispiel in Ratatouille. Achtung: Getrockneter Thymian würzt stärker als frischer. Also sparsam verwenden!

Rosmarin: passt wunderbar zu Schweinebraten und Geflügelgerichten, aber auch zu gebratenen Kartoffeln.

Lorbeerblätter: verfeinern Braten, Saucen und Ragouts mit ihrem herben, intensiven Geschmack.

Currypulver: Gewürzmischung, die je nach Rezeptur aus bis zu 13 Komponenten bestehen kann. Wer Lust hat, kreiert seinen eigenen Mix.

Chiliflocken: Geben vielen Gerichten den letzten Pfiff und führen in Kombination mit Schokolade zu verblüffenden Geschmackserlebnissen.

Kurkuma: Die Gelbwurz färbt Gerichte in einem sonnigen Gelbton und gilt unter gesundheitsbewussten Feinschmeckern als Allheilmittel gegen vielerlei Beschwerden.

Safran: verleiht Fisch-, Lamm- und Reisgerichten eine satte orange Farbe und ein unverwechselbares Aroma. In guter Qualität ist er allerdings sehr teuer.

Zimt: wird klassischerweise mit Weihnachten assoziiert, verfeinert aber auch süße Reisgerichte, Apfelkuchen und Hefegebäck. Wohldosiert schmeckt Zimt auch in deftigen Fleischgerichten und Eintöpfen.

Vanille: zum Aromatisieren von Süßspeisen und in Kaffee, Kakao oder Tee.

Krustenbraten in Biersauce mit Breznknödel und Bayerisch Kraut

Zutaten für 5 Personen
Für den Krustenbraten
2 kg Schweinekrustenbraten
Salz
200 ml Gemüsebrühe
1 Bund Suppengrün
½ l dunkles Bier
2 TL Speisestärke

Für das Bayerisch Kraut
1 Kopf Weißkohl
1 große Zwiebel
1 Apfel
2 EL Butter
Zucker
Salz // Pfeffer aus der Mühle
200 ml Gemüsebrühe
2 EL Apfelessig

Für die Breznknödel
5 Brezeln
(ersatzweise Laugenstangen)
125 ml warme Milch
1 Zwiebel
25 g Butter
½ Bund Petersilie
Salz
3 Eier
Pfeffer aus der Mühle
frisch geriebene Muskatnuss

1. Für den Braten den Backofen auf 150 °C (Umluft) vorheizen. Das Fleisch und die Schwarte mit 1 bis 2 TL Salz einreiben. Mit der Schwarte nach oben in einen Bräter legen, die Brühe erhitzen und über das Fleisch gießen. Im Ofen etwa 2½ Stunden braten. Suppengrün schälen, waschen und in Stücke schneiden. Nach etwa 1 Stunde um den Braten herum verteilen.

2. Inzwischen für das Bayerisch Kraut den Kohl putzen, waschen, vierteln und in dünne Streifen schneiden. Die Zwiebel schälen und fein würfeln. Apfel waschen, trocken reiben, schälen, entkernen und würfeln.

3. Die Butter in einem großen Topf erhitzen, 1 EL Zucker darin leicht bräunen, Zwiebel und Apfel dazugeben, anbraten. Das Kraut hinzufügen und mitbraten. Mit Salz und Pfeffer würzen und Brühe darübergießen, aufkochen. Zugedeckt 1 Stunde schmoren, zwischendurch umrühren.

4. Für die Knödel die Brezeln in Stücke schneiden, in eine Schüssel geben, warme Milch darübergießen und 30 Minuten ziehen lassen.

5. Die Zwiebel schälen und fein würfeln. Die Butter in einer Pfanne erhitzen und die Zwiebel darin anbraten, vom Herd nehmen. Die Petersilie waschen, trocken schütteln und fein hacken.

6. In einem weiten Topf reichlich Salzwasser aufkochen. Die eingeweichten Brezeln mit Zwiebel, Eiern, Petersilie, Salz, Pfeffer und 1 Prise Muskatnuss zu einem Teig verkneten. Knödel daraus formen, ins heiße Wasser geben und etwa 20 Minuten gar ziehen lassen.

7. Etwa 30 Minuten vor Ende der Bratzeit Ofentemperatur auf 200 °C erhöhen. Das Bier über den Braten gießen und zu Ende braten, bis die Kruste knusprig ist. Bratsud durch ein Sieb gießen, aufkochen und mit Stärke binden. Das Bayerisch Kraut mit Zucker, Salz, Pfeffer und Essig abschmecken.

8. Den Krustenbraten in Scheiben schneiden und mit Kraut, Knödeln und Sauce anrichten.

Ibérico Secreto mit Tortilla de Patatas und Pfeffersauce

Zutaten für 5 Personen

Für das Fleisch

3 Stücke Ibérico Secreto (wenn möglich, nicht zu flach)
Salz
2 Knoblauchzehen
1 Zweig Rosmarin
1 Zweig Thymian
Butter // Olivenöl
Pfeffer aus der Mühle

Für die Tortilla

700 g vorwiegend festkochende Kartoffeln
3 Zwiebeln
100 ml Olivenöl
1 TL Salz // Pfeffer aus der Mühle
6 Eier

Für die Pfeffersauce

2 Nackensteaks
Butterschmalz
3 Zwiebeln
3 EL Tomatenmark
150 ml Weißwein
2 cl Weinbrand
Chiliflocken und getr. Rosmarin
3 TL Honig-Dijon-Senf
1 TL eingelegte Pfefferkörner
½ l Gemüsebrühe
1–2 EL Crème fraîche
Salz // Zucker

1. Das Fleisch 1 Stunde vor der Zubereitung aus dem Kühlschrank nehmen und in gleichmäßige Stücke schneiden, salzen. Den Backofen auf 150 °C vorheizen. Das Fleisch von jeder Seite 1 bis 2 Minuten scharf angrillen, danach auf einem Grillrost auf der mittleren Schiene 5 bis 10 Minuten garen lassen.

2. Knoblauch schälen und hacken. Kräuter waschen und trocken schütteln. Etwas Butter und Olivenöl erhitzen, Knoblauch und Kräuter darin anbraten. Das Fleisch 2 Minuten darin schwenken, in Alufolie wickeln und etwa 3 Minuten ruhen lassen. Gegen die Faser und schräg anschneiden, mit Salz und Pfeffer würzen.

3. Für die Tortilla die Kartoffeln waschen, schälen und in dünne Scheiben schneiden. Die Zwiebeln schälen und fein würfeln. Das Öl erhitzen und die Kartoffeln darin anbraten, bis sie gar sind, salzen. Zwiebeln dazugeben und weiterbraten, bis sie gar sind. Alles zerdrücken, mit Pfeffer würzen. Beiseitestellen.

4. Den Backofen auf 190 °C (Umluft) vorheizen. Die Eier aufschlagen, verquirlen, salzen und pfeffern. Unter die Kartoffelmasse heben. Eine Auflaufform mit Alufolie auskleiden. Die Tortillamasse einfüllen. Im Ofen 22 Minuten backen.

5. Für die Pfeffersauce die Nackensteaks in Butterschmalz braten, bis ein Bratensatz entstanden ist, herausnehmen und beiseitestellen (anderweitig verwenden). Zwiebeln schälen und hacken. Im Bratensatz braun anbraten, Tomatenmark kurz mitrösten. Mit Wein und Weinbrand ablöschen.Übrige Zutaten dazugeben und noch etwa 10 Minuten köcheln. Alles mixen und durchsieben, mit Salz und Zucker abschmecken. Fleisch und Tortilla auf Teller verteilen und mit der Sauce beträufeln.

UND DAZU: GEGRILLTER BROKKOLI MIT MANDELMAYONNAISE

Blanchierte Brokkoliröschen 2 Minuten in der Grillpfanne grillen. 75 ml Milch mit 1 TL Senf schaumig mixen. 120 ml Öl in dünnem Strahl angießen, dabei immer weitermixen, bis die Konsistenz mayonnaiseartig wird. Mit Salz, Pfeffer und Essig abschmecken.

BLITZTIPP FÜR HUNGRIGE: TOMATENBULGUR

1 Zwiebel schälen, fein reiben und zusammen mit je 1 EL Paprika- und Tomatenmark anbraten. 2 Tomaten reiben, unterrühren und 1 bis 2 Minuten mitbraten. 300 g Bulgur, Salz, Pfeffer und Paprikapulver dazugeben und so viel kochendes Wasser angießen, bis der Bulgur vollständig bedeckt ist. Köcheln lassen, bei Bedarf Wasser nachgießen. Zuletzt 1 EL Butter hinzufügen. Bis zum Servieren warm halten.

Adana-Spieß mit Pfannenbrot und Joghurt-Knoblauch-Dip

Zutaten für 5 Personen
Für den Spieß
1 ½ Zwiebel
1 Spitzpaprikaschote (scharf)
1 Bund Petersilie
3 Knoblauchzehen
1 kg Hackfleisch (Lamm/Rind)
3 EL Olivenöl
Salz // Pfeffer aus der Mühle
2 TL Paprikapulver
2 TL Köfte-Gewürz
2 TL getr. Thymian

Für das Brot
450 g Mehl und Mehl zum Arbeiten
1 Päckchen Backpulver
Salz

Für den Joghurt-Knoblauch-Dip
2 Knoblauchzehen
1 Salatgurke
250 g Naturjoghurt
Salz // Pfeffer aus der Mühle

1. Die Zwiebeln schälen und in grobe Stücke schneiden. Die Paprika längs halbieren, entkernen, waschen und zerteilen. Die Petersilie waschen, trocken schütteln und grob hacken. Die Knoblauchzehen schälen.

2. Alle vorbereiteten Zutaten in einen hohen Rührbecher füllen und fein pürieren, mit dem Hackfleisch in eine Schüssel geben. Das Olivenöl und die Gewürze dazugeben und alles gut vermischen. Das Fleisch portionsweise auf Spieße stecken und auf dem Grill durchbraten.

3. Für das Brot ¼ l Wasser, Mehl, Backpulver und 1 TL Salz zu einem glatten Teig kneten. Den Teig in 5 Stücke teilen. Jeden Teigling auf der bemehlten Arbeitsfläche zu einem kleinen Fladen ausrollen. In einer Pfanne ohne Fett von jeder Seite 2 bis 3 Minuten goldbraun braten. Im Backofen bei 60 °C warm halten.

4. Für den Joghurt-Knoblauch-Dip den Knoblauch schälen und durchpressen, die Gurke waschen und auf der Gemüsereibe reiben, in einem Sieb abtropfen lassen und mit dem Knoblauch zum Joghurt geben. 5 EL Wasser hinzufügen und gründlich unterrühren. Mit Salz und Pfeffer abschmecken.

5. Zum Servieren die gegrillten Adana-Spieße mit Fladenbrot und Joghurtdip auf Tellern anrichten. Dazu passen Tomatenbulgur und ein scharfer roter Dip.

DAS BESONDERE EXTRA: SCHARFER ROTER DIP
2 Tomaten, 1 rote Spitzpaprikaschote, 1 grüne scharfe Chilischote, 2 Knoblauchzehen, 1 Zwiebel und Blätter von 1 Bund Petersilie fein pürieren. Zitronensaft dazugeben und mit 2 EL Granatapfelsirup, 1 EL getrockneter Minze, 1 TL Chiliflocken, 1 TL Sumach, 2 EL Aci Biber Salcasi, 1 EL Tomatenmark, 3 EL Olivenöl, Salz und Pfeffer vermischen. In einem Sieb abtropfen lassen. Saft auffangen und unter die Hackfleischmasse mischen.

Geschmorte Kalbsbäckchen mit Rotweinschalotten und Gnocchi

1. Am Vortag die Möhren waschen, schälen und grob zerteilen. Zwiebeln schälen und fein würfeln. Sellerie schälen und in Stücke schneiden. Lauch längs aufschneiden, gründlich waschen und zerteilen. Knoblauch schälen und hacken. Die Kalbsbäckchen in einer Schüssel mit dem Gemüse und den Gewürzen bedecken, mit Wein und Balsamico übergießen und kühl stellen.

2. Am nächsten Tag für die Gnocchi den Backofen auf 160 °C vorheizen. Die Kartoffeln waschen, abbürsten und trocken tupfen. Meersalz auf einem Backblech verteilen und die Kartoffeln darauflegen. Im Ofen 1 Stunde backen und herausnehmen.

3. Den Backofen auf 180 °C einstellen. Die Kalbsbäckchen aus der Beize nehmen, trocken tupfen und im Bräter mit Öl scharf anbraten. Herausnehmen. Wurzelgemüse und Gewürze abschöpfen, und im Bräter in Öl anbraten. Tomatenmark hinzufügen und 3 Minuten anrösten. Mit der Beize ablöschen. Die Kalbsbäckchen wieder hinzufügen und im Ofen 3 Stunden schmoren. Bei Bedarf Wein nachgießen.

4. Inzwischen die Kartoffeln pellen und durch die Kartoffelpresse in eine Schüssel drücken. Ei, Eigelb, Thymian, Salz, Pfeffer, Muskatnuss und nach Bedarf Mehl dazugeben und durchkneten. Der Teig darf nicht mehr klebrig sein. Auf einer bemehlten Fläche Teigrollen fertigen und etwa 2 cm lange Stücke abstechen. Sofort in siedendes Wasser geben. Sobald die Gnocchi oben schwimmen, mit der Schaumkelle herausheben und in eine Auflaufform geben. Mit Olivenöl beträufeln. 10 Minuten vor dem Servieren mit reichlich Parmesan bestreuen und bei 160 °C noch einmal etwa 5 Minuten im Backofen erwärmen.

5. Für die Rotweinschalotten die Schalotten schälen und in Öl mit Puderzucker karamellisieren. Mit Salz würzen und mit Johannisbeersaft, Wein und Balsamico 20 bis 25 Minuten sirupartig einkochen.

6. Die Kalbsbäckchen mit Rotweinschalotten und Gnocchi anrichten.

Zutaten für 5 Personen
Für die geschmorten Kalbsbäckchen
3 Möhren
2 Zwiebeln
150 g Sellerie
½ Stange Lauch
1 Knoblauchzehe
10 Kalbsbäckchen
Salz // Pfeffer aus der Mühle
1 Lorbeerblatt
5 Wacholderbeeren
½ Zimtstange
2 Gewürznelken
¾ l trockener Rotwein
50 ml Aceto balsamico
Öl
1 EL Tomatenmark

Für die Gnocchi
1 kg mehligkochende Kartoffeln
500 g grobes Meersalz
1 Ei // 1 Eigelb
Thymianblättchen
Salz // Pfeffer aus der Mühle
frisch geriebene Muskatnuss
Mehl
Olivenöl zum Beträufeln
geriebener Parmesan

Für die Rotweinschalotten
20 Schalotten // Öl
1 EL Puderzucker
Salz
½ l Johannisbeersaft
½ l Rotwein
Aceto balsamico

DAS BESONDERE EXTRA: MANDELROSENKOHL

Dazu schmeckt gedünsteter Rosenkohl mit gerösteten Mandelblättchen – die Röschen einfach in Butter schwenken und mit Salz, Pfeffer und Muskatnuss abschmecken.

Saltimbocca alla romana mit Rosmarinkartoffeln und Erbsen-Minz-Püree

Zutaten für 5 Personen
Für die Saltimbocca
500 g Kalbsfilet
10 Scheiben Parmaschinken
10 Salbeiblätter
2 EL Mehl
4 EL Butter
Salz // Pfeffer aus der Mühle
¼ l Weißwein
Minze zum Garnieren

Für die Rosmarinkartoffeln
600 g neue Kartoffeln
5 Zweige Rosmarin
Salz // Pfeffer aus der Mühle
2 EL Olivenöl

Für das Erbsen-Minz-Püree
400 g Erbsen
Salz
5 Minzeblätter
6 EL Sahne
3 EL Butter
Pfeffer aus der Mühle

1. Für die Saltimbocca das Kalbsfilet in 10 gleichmäßige Scheiben schneiden. Jede Scheibe mit der glatten Seite des Fleischklopfers vorsichtig flach klopfen. Je 1 Scheibe Schinken und 1 Salbeiblatt auf jedes Fleischstück legen und mit je einem Zahnstocher feststecken. Einen flachen Teller mit Mehl ausstreuen und die Unterseite der Schnitzelchen damit bemehlen.

2. In einer Pfanne 2 EL Butter erhitzen. Saltimbocca auf jeder Seite 2 bis 3 Minuten braten. Fertige Schnitzel zart salzen und pfeffern. Warm stellen. Den Bratensatz mit Wein ablöschen. Übrige Butter in die Sauce rühren, Saltimbocca darin erwärmen.

3. Für die Rosmarinkartoffeln den Backofen auf 200 °C vorheizen. Die Kartoffeln gründlich waschen und abbürsten, halbieren oder vierteln. Rosmarin waschen und trocken schütteln. Kartoffeln mit Salz, Pfeffer, Olivenöl und Rosmarin marinieren. Ein Backblech mit Backpapier belegen und die Kartoffeln gleichmäßig mit der Schnittfläche nach oben darauf verteilen. Die Rosmarinkartoffeln im Ofen etwa 30 Minuten backen.

4. Für das Erbsen-Minz-Püree die Erbsen 5 Minuten in Salzwasser kochen, in ein Sieb abgießen, kurz abtropfen lassen und in eine Schüssel füllen. Die Minzeblätter waschen, trocken schütteln und im Mörser grob zerstoßen. Mit Sahne, Butter, Salz und Pfeffer zu den Erbsen geben und cremig pürieren.

5. Die Saltimbocca mit dem Püree und den Rosmarinkartoffeln auf fünf Tellern anrichten und nach Belieben mit Minzeblättchen garnieren.

Rinderfilet an Portweinjus, Süßkartoffelstampf und Ratatouille

1. Den Backofen auf 160 °C (Umluft) vorheizen. Das Rinderfilet mit dem Fleur de Sel und Pfeffer würzen und im heißen Olivenöl anbraten. Das Filet auf ein Backblech legen und mit den Kräutern dicht belegen. Wieder salzen und pfeffern und mit Olivenöl beträufeln. Etwa 55 Minuten im Ofen garen.

2. Für die Jus den Zucker in einer Pfanne karamellisieren. Tomatenmark unterrühren und sofort mit Portwein ablöschen. Etwas einkochen lassen. Dann die Brühe und den Fond dazugeben. Mit Salz und Pfeffer abschmecken. Die Jus gut einkochen.

3. Für den Süßkartoffelstampf Kartoffeln und Süßkartoffeln schälen, in grobe Stücke schneiden und im Salzwasser garen. Kartoffeln abgießen und stampfen. Mit Sahne und Butter zu einer cremigen Masse rühren. Kräftig mit Salz würzen.

4. Für das Ratatouille das Gemüse waschen. Möhren schälen und klein würfeln. Paprika längs halbieren, entkernen, waschen und klein würfeln. Champignons säubern und je nach Größe vierteln oder achteln. Die Zucchini klein würfeln. Frühlingszwiebeln putzen und in schmale Ringe schneiden. Das Öl in einer Pfanne erhitzen. Zuerst die Möhren andünsten, dann die Paprika und zum Schluss Pilze, Zucchini und Frühlingszwiebeln dazugeben. Das Gemüse bissfest garen. Mit Zimt, Vanille und Curry würzen. Mit Salz und Pfeffer abschmecken. Etwas Brühe unterrühren.

5. Das Filet mit der Jus beträufeln, mit Kräutern garnieren und mit dem Süßkartoffelstampf und dem Ratatouille servieren.

Zutaten für 5 Personen
Für das Rinderfilet
1,2 kg Rinderfilet
1 EL Fleur de Sel
1 EL grober bunter Pfeffer
Olivenöl
gemischte Kräuter
(Rosmarin, Estragon, Thymian, Oregano etc.)

Für die Portweinjus
4 EL Zucker
2 EL Tomatenmark
½ Flasche roter Portwein
Brühe
Rinderfond
Salz // Pfeffer aus der Mühle

Für den Süßkartoffelstampf
6 dicke Kartoffeln
3 Süßkartoffeln
Salz
250 g Sahne
2 EL Butter

Für das Ratatouille
2 Möhren
1 rote Paprikaschote
1 gelbe Paprikaschote
3 Champignons
½ Zucchini
2 Frühlingszwiebeln
Öl
1 TL Zimtpulver
1 TL gemahlene Vanille
1 TL Currypulver
Salz // Pfeffer aus der Mühle
Gemüsebrühe

Mit uns geht's schneller – Küchenhelfer, die Zeit sparen

DIE KÜCHENMASCHINE

Sie ist ein toller Allrounder für alle, die in ihrer Küche viel Platz haben. Denn je nach Hersteller kann das Gerät ein wenig sperrig sein. Praktisch ist es allemal: Es kann Teige rühren und kneten, Gemüse raspeln und schneiden, Samen und Nüsse mahlen und mixen, Saucen, Cremes und Smoothies pürieren und aufschäumen. Für die meisten Küchenmaschinen stehen unzählige Zubehörteile vom Fleischwolf über die Nudelwalze bis zum Entsafter zur Verfügung, einige können sogar kochen. Wer also ein All-in-One-Gerät haben möchte, das zuverlässig bei vielen Küchenhandgriffen unterstützt, entscheidet sich für eine möglichst vielseitige Küchenmaschine mit hoher Wattzahl (ab 900 Watt). Der Spaß ist allerdings nicht ganz billig – und viele Küchengeräte, die im Haushalt schon vorhanden sind, werden überflüssig.

DIE EISMASCHINE

Mit einem Eis zum Dessert liegt man immer richtig. Wer es nicht in der Eisdiele seines Vertrauens kaufen möchte, ist mit einer heimischen Eismaschine gut beraten. Bis zu 1 l Eis lässt sich mit ihrer Hilfe innerhalb einer Stunde zubereiten. Für eine unkomplizierte und einfache Handhabung ist es empfehlenswert, dass die Maschine über einen eigenen Kompressor verfügt. Das stundenlange Vorkühlen der Kühlbehälter entfällt auf diese Weise und der spontanen Eisproduktion steht nichts im Weg. Nachteil: Maschinen mit einem eigenen Kompressor sind relativ teuer. Wer weniger ausgeben möchte, entscheidet sich für ein Modell ohne. Diese Geräte sind meisten etwas kleiner und nehmen weniger Platz in der Küche ein. Die Gefrierelemente müssen vorgekühlt werden, was ein wenig Planung erfordert. Dem fertigen Eis sieht man es aber nicht an.

DIE NUDELMASCHINE

Pastaliebhaber werden ihre Freude daran haben: Mit einer Nudelmaschine lassen sich unterschiedlichste Teigwaren ganz einfach selbst herstellen. Es gibt sie in unterschiedlichen Ausführungen:

- Die bequemste Variante ist ein Vollautomat, der sogar den Teig allein knetet. Die benötigten Zutaten in der richtigen Menge einzufüllen, ist bei dieser Variante alles, was man tun muss, um frische, selbst gemachte Nudeln zu erhalten. Auf diese Weise lassen sich innerhalb einer Stunde bis zu acht Kilo Nudeln herstellen.

- Daneben gibt es manuelle Kurbelmaschinen, bei denen die Handarbeit im Vordergrund steht. Mit etwas Übung kann man damit etwa 500 g frische Nudeln innerhalb einer Stunde produzieren. Mithilfe der manuellen Maschine lässt sich der vorbereitete Pastateig dünn auswalzen und dann in die gewünschte Form schneiden. Die Variante ist für Puristen geeignet, die in der Küche gern selbst Hand anlegen.

- Wer es ein bisschen entspannter mag, aber trotzdem nicht ganz auf den handwerklichen Aspekt bei der Pastaherstellung verzichten möchte, entscheidet sich für eine manuelle Maschine mit elektrischem Antrieb, bei der das Kurbeln entfällt.

DER BLITZHACKER

Unentbehrlich zum Zerkleinern von Gemüse und Co., auch für die Herstellung von kleinen Mengen Pesto oder Mayonnaise geeignet. Ein elektrischer Blitzhacker nimmt Ihnen in wenigen Augenblicken viel mühselige Schneidearbeit ab und spart so in der Küche jede Menge Zeit. Wichtig für die Leistungsfähigkeit ist die Wattzahl des Geräts (mindestens 500 Watt sollte es idealerweise haben). Achten Sie beim Kauf auch auf die Handhabung und auf die Größe des Behälters.

SPIRALSCHNEIDER

Gemüse in hübsche Spiralen zu schneiden, macht nicht nur optisch viel her. Die Gemüsenudeln sind dazu supergesund und eine frische Alternative zu Teigwaren. Es gibt unterschiedliche Geräte, mit denen man sich das Schneiden erleichtern kann. Am einfachsten funktioniert es mit einem Stand-Spiralschneider mit verschiedenen Aufsätzen, der von dünnen Spaghetti bis zu breiten Bandnudeln viele Varianten zaubern kann. Aber Vorsicht: Die Klingen sind sehr scharf, man schneidet sich schnell in die Finger.

DER SCHNELLKOCHTOPF

Ein Klassiker zum raschen Garen von Kartoffeln. Aber der Schnellkochtopf kann noch viel mehr. Mit ihm lassen sich zeitsparend und schonend viele Schmorgerichte, Suppen, Saucen und Fonds zubereiten, währenddessen Sie andere Dinge machen können. Wenn Sie sich einen Schnellkochtopf zulegen, testen Sie ihn aber am besten erst mal in Ruhe, bevor er für die Zubereitung Ihres perfekten Dinners zum Einsatz kommt.

Scharfe Messer sind in puncto Zeit sparen nicht zu unterschätzen – und damit macht das Schneiden richtig Spaß. Gute Messer halten oft ein Leben lang, dürfen aber nicht in die Geschirrspülmaschine!

Tellerfleisch mit Meerrettichsauce auf Wurzelgemüse

1. Für das Tellerfleisch die Markknochen in etwa 1 ½ l Wasser aufkochen, den Schaum abschöpfen und die Hitze reduzieren. Zwiebeln schälen und fein würfeln. Möhren, Sellerie und Petersilienwurzel waschen, schälen und grob zerkleinern. Lauch längs aufschneiden, gründlich waschen und in grobe Stücke teilen. Petersilie waschen und trocken schütteln. Gemüse, Petersilie und Fleisch in den Topf geben und zugedeckt bei schwacher Hitze etwa 2 Stunden köcheln lassen.

2. Für die Meerrettichsauce aus Margarine und Mehl eine Mehlschwitze herstellen. Die Margarine im Topf zerlassen und das Mehl darin unter Rühren so lange erhitzen, bis es hellgelb ist. Brühe und Sahne angießen, unter Rühren aufkochen und ohne Deckel bei schwacher Hitze 5 Minuten köcheln lassen. Zuletzt Meerrettich unterrühren und mit Salz, Zucker und Zitronensaft abschmecken.

3. Das Wurzelgemüse waschen, je nach Sorte putzen oder schälen und klein würfeln. Einen Teil der Fleischbrühe abschöpfen und das vorbereitete Gemüse darin 20 Minuten weich kochen.

4. Das in Scheiben geschnittene Tellerfleisch auf dem Wurzelgemüse anrichten, mit etwas Brühe übergießen und mit Meerrettichsauce beträufeln. Dazu passen Blaukraut, Bratkartoffeln und ein Glas Blauer Zweigelt.

Zutaten für 4 Personen
Für das Tellerfleisch
2 Markknochen
2 große Zwiebeln
150 g Möhren
150 g Sellerie
1 Petersilienwurzel
150 g Lauch
½ Bund Petersilie
1 kg Rindfleisch aus der Schulter oder Tafelspitz
Salz // Pfeffer aus der Mühle

Für die Meerrettichsauce
30 g Margarine
25 g Mehl
375 ml Gemüsebrühe
120 g Sahne
30 g frisch geriebener Meerrettich
Salz
Zucker
1 TL Zitronensaft

Für das Wurzelgemüse
500 g Wurzelgemüse (Romanesco, Lauch, Möhren, Kohlrabi, Petersilienwurzel)
400 ml Fleischbrühe des Tellerfleischs

Surf & Turf mit Parmesankruste und Serviettenknödel

Zutaten für 5 Personen

Für das Surf & Turf
600 g Rinderfilet
Salz // Pfeffer aus der Mühle
4 EL Öl
4 EL Aceto balsamico
100 ml Kalbsbrühe
50 g Parmesan
100 g Butter
70 g Weißbrotbrösel
5 EL gehackte Kräuter
5 Riesengarnelen (küchenfertig)
2–3 Knoblauchzehen
3 Zweige Thymian
2 EL Olivenöl

Für die Serviettenknödel
150 g Brötchen vom Vortag
3 Schalotten
40 g Butter
150 ml Milch
Salz
frisch geriebene Muskatnuss
1 Bund Petersilie
1 Ei
Pfeffer
2–3 EL geklärte Butter

Für das Erbsen-Minz-Püree
200 g TK-Erbsen
Salz // Pfeffer aus der Mühle
einige Minzeblätter (gehackt)
1 EL Butter

1. Für das Surf & Turf das Rinderfilet in 5 Stücke schneiden, mit Salz und Pfeffer würzen. Öl in einer Pfanne erhitzen und das Fleisch darin von jeder Seite scharf anbraten. Aus der Pfanne nehmen und abkühlen lassen. Den Bratensatz mit Balsamico ablöschen, mit der Brühe auffüllen und 2 Minuten köcheln lassen.

2. Den Backofen auf 180 °C vorheizen. Für die Kruste den Parmesan reiben. Butter, Brösel, Kräuter und geriebenen Parmesan mischen. Die Rinderfilets mit der Mischung belegen. Das Fleisch im Ofen rosa garen, dabei wird die Parmesankruste knusprig braun.

3. Inzwischen Garnelen putzen. Knoblauch schälen und mit dem Handballen andrücken. Thymian waschen und trocken schütteln. Olivenöl in einer Pfanne erhitzen und Garnelen mit angedrücktem Knoblauch und Thymian darin anbraten.

4. Für die Knödel Brötchen in 2 cm große Würfel schneiden und in eine Schüssel geben. Die Schalotten schälen, würfeln und in der Butter andünsten. Die Milch dazugießen und aufkochen, mit Salz und 1 Prise Muskatnuss würzen. Die heiße Milch über die Brötchen geben und mit Folie bedeckt 30 Minuten ziehen lassen.

5. Petersilie waschen, trocken schütteln, fein hacken und mit dem Ei unter die Brötchenmasse mischen, mit Salz, Pfeffer und 1 Prise Muskatnuss abschmecken.

6. Eine Lage Frischhaltefolie auf eine Lage Alufolie legen. Den Teig entlang der Mitte darauf verteilen, eng aufrollen. In heißem Wasser 40 Minuten pochieren.

7. Knödel auskühlen lassen. Folie entfernen. In 2 cm dicke Scheiben schneiden. Knödel in geklärter Butter anbraten.

8. Für das Erbsen-Minz-Püree die Erbsen in kochendem Salzwasser garen. Pürieren, mit Salz und Pfeffer abschmecken. Minze waschen, trocken tupfen und fein hacken. Minze und Butter hinzufügen.

9. Das Surf & Turf mit je 2 Knödelscheiben und dem Erbsenpüree anrichten.

Lammkarree an Polenta mit Tomaten und Seitlingen

1. Für die Lammkarrees den Fond in einem Topf auf die Hälfte reduzieren. Die Jus mit Honig, Balsamico, Salz und Pfeffer abschmecken und mit Speisestärke leicht binden.

2. Inzwischen den Backofen auf 220 °C vorheizen. Öl in einer Pfanne erhitzen, Lammkarrees 2 bis 3 Minuten darin anbraten und mit Salz und Pfeffer würzen. Das Fleisch auf dem Rost in den Ofen schieben, bis die Kerntemperatur 50 °C beträgt. In Alufolie wickeln.

3. Für die Polenta in einem Topf Milch mit Brühe, Lorbeerblättern, Knoblauch, je 1 bis 2 TL Salz und Pfeffer etwa 20 Minuten erwärmen (nicht kochen!). Die Eier trennen. Eiweiße steif schlagen, kühl stellen. Käse grob reiben. Eine Auflaufform fetten. Die Gewürze aus der Milch entfernen. Aufkochen lassen, Polenta einrühren. 3 bis 4 Minuten quellen lassen, ab und zu umrühren.

4. Eigelbe und drei Viertel des Käses unterrühren. Eischnee unterheben. Die Masse in die Form geben und mit dem restlichen Käse bestreuen. Polenta im Ofen etwa 25 Minuten backen.

5. Inzwischen den Schinken in einer Pfanne kross anbraten, auf Küchenpapier entfetten. Tomaten waschen, trocken tupfen und halbieren. Die Pilze säubern und in Scheiben schneiden. Tomaten und Pilze scharf anbraten. Rosmarin und Thymian waschen, trocken schütteln und dazugeben. Mit Salz und Pfeffer würzen. Das Lammkarree mit Polenta, Gemüse und Jus anrichten.

Zutaten für 5 Personen
Für die Lammkarrees
½ l Lammfond
1–2 EL Honig
Aceto balsamico (nach Belieben)
Salz // Pfeffer aus der Mühle
1 EL Speisestärke
2 TL Olivenöl
1,2 kg Lammkarree

Für Polenta, Tomaten und Seitlinge
450 ml Milch
450 ml Gemüsebrühe
1–2 Lorbeerblätter
1–2 Knoblauchzehen
Salz // Pfeffer aus der Mühle
3 Eier
300 g Bergkäse
Butter zum Einfetten
180 g Polenta
4 Scheiben luftgetrockneter Schinken
300 g Kirschtomaten
200 g Kräuterseitlinge
1 Zweig Rosmarin
1 Zweig Thymian

VARIANTEN: Wenn Sie noch etwas mehr Zeit haben, können Sie die Jus mit Lammknochen und Rotwein selbst machen. Wenn es hingegen besonders schnell gehen soll, können Sie sogenannte Minuten-Polenta verwenden.

Kräuter-Lammlachse mit Bacon und Ofengemüse

Zutaten für 5 Personen
Für die Lammlachse
5 gleichmäßig große Lammlachse (à ca. 180 g)
Salz // Pfeffer aus der Mühle
Kräuterbutter
je 2 Zweige Thymian, Rosmarin und Salbei
15 Scheiben Bacon
Olivenöl

Für die Rotweinsauce
2 Bund Thymian
fast 2 l Rotwein (Burgunder oder anderer trockener Rotwein)
2 Lorbeerblätter
4 Gewürznelken
16 schwarze Pfefferkörner
16 Wacholderbeeren
2 Schalotten
60 g Butter
2 TL Zucker
100 ml Aceto balsamico
Meersalz // Pfeffer aus der Mühle

Für Ofentomaten und Spargel
5 Zweige Thymian
400 g Kirsch- oder Rispentomaten
500 g grüner Spargel
6 EL Olivenöl
1 EL Honig
1 Knoblauchzehe
grobes Meersalz

1. Die Lammlachse am Vorabend salzen, pfeffern und mit Kräuterbutter einpinseln. In den Kühlschrank stellen. Am nächsten Tag die Kräuter waschen, trocken schütteln und Blätter bzw. Nadeln klein hacken. Die Lammlachse darin auf beiden Seiten wälzen. Nochmals einige Stunden marinieren.

2. Für die Rotweinsauce den Thymian waschen und trocken schütteln. Wein mit Gewürzen in einem Topf mischen, aufkochen und auf 200 ml einkochen lassen. Die Reduktion durch ein Sieb passieren.

3. Inzwischen die Schalotten schälen und fein würfeln. 40 g Butter in den Kühlschrank stellen, die restliche Butter in einem kleinen Topf erhitzen. Die Schalotten mit dem Zucker goldbraun karamellisieren. Mit dem Essig ablöschen und sirupartig einkochen lassen. Die Weinreduktion dazugießen, die Saucenbasis beiseitestellen.

4. Für das Ofengemüse den Backofen auf 200 °C vorheizen, Thymian waschen und trocken schütteln. Die Tomaten waschen und trocken tupfen. Mit den Rispen auf ein Backblech legen. Spargel waschen, im unteren Drittel schälen, holzige Enden abschneiden. Zu den Ofentomaten legen. Spargel mit 2 EL Olivenöl beträufeln.

5. Übriges Olivenöl mit Honig und Knoblauch verrühren und über die Tomaten geben. Mit Meersalz bestreuen und den Thymian darauf verteilen. Im Ofen etwa 15 Minuten backen.

6. Lammlachse mit je 3 Scheiben Bacon umwickeln. Das Öl in der Pfanne erhitzen und die Lammlachse auf jeder Seite scharf anbraten, dann auf jeder Seite bei mittlerer Hitze etwa 4 Minuten weiterbraten. Die Gardauer hängt von der Dicke des Fleisches ab. Fleisch in Alufolie wickeln.

7. Wenn das Fleisch angebraten ist, die Saucenbasis wieder erwärmen, den beim Braten ausgetretenen Fleischsaft einrühren und die Sauce nochmals durch ein Haarsieb passieren.

8. Die kalte Butter unter Rühren in der Sauce zerlassen. Mit Meersalz und Pfeffer abschmecken. Lamm mit Gemüse und Sauce servieren. Dazu passt ein Bärlauchrisotto.

Wildschweingulasch Schoko-Orange mit Polenta und Ofen-Rosenkohl

1. Am Vortag das Fleisch in etwa 5 cm große Stücke schneiden. Gemüse putzen und ggf. waschen. Die Möhren schälen. Beides in dünne Scheiben hobeln. Die Kräuter waschen und trocken schütteln. Das Gemüse mit Kräutern, Lorbeerblättern, zerdrückten Wacholderbeeren und Pfeffer zum Fleisch geben. Wein und Balsamico darübergießen. Über Nacht kühl stellen.

2. Am nächsten Tag das Fleisch herausnehmen. Die Marinade durch ein Sieb gießen. Die Zwiebeln und den Knoblauch schälen, halbieren und in dünne Streifen schneiden. Das Öl in einer Kasserolle erhitzen und Zwiebeln und Knoblauch darin anbraten. Das Gemüse dazugeben und kurz mitbraten. Das Fleisch dazugeben, kräftig salzen und rundum anbraten. Den Fond angießen und das Fleisch zugedeckt mindestens 2 Stunden schmoren. Gelegentlich umrühren und etwas Rotweinmarinade dazugießen. Weiterschmoren. Sobald das Fleisch mürbe ist, Kräuter und Lorbeer entfernen. Bei Bedarf noch Wein angießen. Die Schokolade in der Sauce schmelzen. Mit Orangenmarmelade, Salz und Pfeffer würzen.

3. Inzwischen für den Rosenkohl den Backofen auf 180 °C vorheizen. Rosenkohl waschen, putzen und halbieren, große Röschen unten einschneiden. Öl mit Salz und Ras el-Hanout verrühren, Kohl darin wälzen. Auf einem mit Backpapier belegten Blech verteilen und im Ofen auf der mittleren Schiene etwa 40 Minuten backen. Bei Bedarf mit Backpapier abdecken.

4. Polenta mit Haferdrink, 1 EL Butter, Salz und etwas Pul Biber unter Rühren aufkochen. Den Mais unterziehen. Den Rosmarin waschen, trocken schütteln, Nadeln hacken und zur Hälfte untermischen.

5. Eine Auflaufform buttern. Wenn die Polenta eindickt, einfüllen, glatt streichen und übrige Butter in Flöckchen darauf verteilen, übrigen Rosmarin darüberstreuen. Mit Frischhaltefolie abdecken und warm halten.

6. Polenta würfeln und mit Gulasch und Rosenkohl anrichten.

Zutaten für für 5 Personen
Für das Wildschweingulasch

1,2 kg Wildschweinfleisch (zum Schmoren; Nacken, Brust oder Keule)
2–3 Möhren
3–4 Stangen Staudensellerie
3–4 Zweige Thymian
1 Zweig Rosmarin
3 Lorbeerblätter
1 TL Wacholderbeeren
Pfeffer aus der Mühle
½ l Rotwein
2–3 EL Aceto balsamico
3 Zwiebeln
1 Knoblauchzehe
2 EL Olivenöl
Salz
evtl. ¼ l Wildfond
30 g Zartbitterschokolade (gerieben)
1–2 TL Orangenmarmelade

Für die Polenta

250 g Polenta
700 ml Haferdrink
2–3 EL Butter
Salz
Pul Biber (Chiliflocken)
200 g Zuckermais (frisch oder aus der Dose)
2 Zweige Rosmarin

Für den Ofen-Rosenkohl

700 g Rosenkohl
2 EL Olivenöl
Salz
1–2 TL Ras el-Hanout

Hirschrückensteaks mit Wirsingspätzle

Zutaten für 5 Personen
Für die Steaks
5 Hirschrückensteaks (à 140 g)
2 Zweige Rosmarin
Salz // Pfeffer aus der Mühle

Für die Tonkabohnensauce
600 ml Wildfond
50 g Butter
Speisestärke (nach Belieben)
½ Tonkabohne gerieben

Für die Wirsingspätzle
200 g Mehl
3 Eier
Salz
frisch geriebene Muskatnuss
½ kleiner Wirsing
50 g Bacon
1 große Zwiebel
2 EL Öl
200 g Sahne
Pfeffer aus der Mühle

Für den Kartoffelstampf
700 g Kartoffeln
50 g Butter
Milch nach Bedarf
Salz
frisch geriebene Muskatnuss

1. Die Steaks auf jeder Seite etwa 2 bis 3 Minuten scharf anbraten. Rosmarin waschen, trocken schütteln und dazugeben. Die Pfanne vom Herd nehmen und das Fleisch etwa 7 Minuten ruhen lassen. Mit Salz und Pfeffer würzen.

2. Den Fond erhitzen. Die Butter in kleinen Stücken unterrühren, die Sauce nach Bedarf mit Speisestärke andicken und mit Tonkabohne würzen.

3. Für den Spätzleteig Mehl, Eier, 50 ml Wasser, Salz und 1 Prise Muskatnuss zu einem zähen Teig verrühren, er muss Fäden ziehen. Spätzlesieb auf einen Topf mit reichlich Salzwasser aufsetzen. Spätzle durch das Sieb streichen und 5 Minuten köcheln lassen, bis alle an der Oberfläche schwimmen. Abgießen.

4. Wirsing putzen und in Streifen schneiden, in reichlich Salzwasser 2 bis 3 Minuten blanchieren und kalt abschrecken. Bacon und Zwiebel fein würfeln und in Öl anbraten. Mit Sahne aufgießen und mit Pfeffer würzen. Wirsing und Spätzle untermengen.

5. Die Kartoffeln schälen, in kleine Stücke schneiden und mit wenig Wasser bedeckt gar kochen. Abgießen und zurück in den Topf geben. Mit der Butter zerstampfen. Milch dazugeben, bis der Kartoffelstampf die richtige Konsistenz erreicht. Mit Salz und 1 Prise Muskatnuss abschmecken. Die Steaks mit Kartoffelstampf und Wirsingspätzle servieren.

DAS BESONDERE EXTRA: REHLEBER MIT ZWIEBELSAUCE

2 Zwiebeln schälen und in Streifen schneiden. In Öl gut anbraten, etwas Honig darübergeben, mit Wildfond ablöschen und köcheln lassen. Die Leber salzen, pfeffern, in Mehl wenden und von jeder Seite kurz anbraten. Mit der Zwiebelsauce zu den Hirschrückensteaks servieren.

Die besten Desserts

Orangencreme

1. Die Gelatine in einer Schüssel mit kaltem Wasser 10 Minuten einweichen. Die saure Sahne mit Joghurt, Puderzucker, Vanillezucker und Orangensaft verrühren.

2. Einen kleinen Topf mit Wasser erwärmen, die ausgedrückte Gelatine in eine Schöpfkelle geben und ins warme Wasser halten (es soll aber kein Wasser hineinfließen), bis die Gelatine sich verflüssigt hat. 1 EL Creme in die flüssige Gelatine rühren. Das Gelatinegemisch zügig unter die Creme rühren.

3. Die Sahne steif schlagen, Eiweiße mit Zucker zu einem festen Eischnee rühren und abwechselnd mit der Sahne unter die Creme ziehen. In Gläser oder Schalen füllen, mit Frischhaltefolie abdecken und mindestens 2 Stunden, am besten über Nacht, in den Kühlschrank stellen. Zum Servieren nach Belieben mit Lavendel und Orangenfilets servieren.

Zutaten für 5 Personen

5 Blatt Gelatine
150 g saure Sahne
400 g griechischer Joghurt (10 % Fett)
150 g Puderzucker
2 Päckchen Vanillezucker
400 ml frisch gepresster Orangensaft
75 g Sahne
4 Eiweiß
1 EL Zucker

DAS BESONDERE EXTRA: ESPRESSO-MOUSSE

Wer mehr Zeit hat, serviert zur Orangencreme zusätzlich eine herbe Espresso-Mousse. Dafür eine Mousse au Chocolat zubereiten und ein Viertel der Flüssigkeit durch starken Espresso ersetzen. Amarula (Marulalikör) und Kahlúa (Kaffeelikör) verfeinern die Mousse mit exotischen Aromen aus Afrika und Mexiko. Ein spannendes Highlight zum Abschluss!

Beerentraum mit Granatapfel und gefüllten Datteln

Zutaten für 5 Personen
Für die gefüllten Datteln
10 Datteln
Butter
5 Mandeln
5 Gojibeeren

Für den Granatapfel
2 Granatäpfel
10 ml Rosenwasser
1 EL Zucker

Für den Beerentraum
600 g griechischer Jogurt (10 % Fett)
2 EL Zucker
400 g Heidelbeeren
6 Zweige Rosmarin
75 ml Rotwein
10 Baisers (aus der Bäckerei)
2 EL Kakaopulver

1. Für die gefüllten Datteln die Datteln längs aufschneiden, entkernen und innen mit etwas Butter bestreichen. Mandeln in einer Pfanne ohne Fett rösten. Datteln mit Mandeln und Gojibeeren füllen.

2. Für den Granatapfel die Granatäpfel halbieren und die Kerne herausklopfen. Die Kerne in eine Schüssel geben, mit Rosenwasser übergießen und mit Zucker mischen.

3. Für den Beerentraum den Joghurt mit 1 EL Zucker verrühren. Die Heidelbeeren waschen und abtropfen lassen. Rosmarin waschen, trocken schütteln und die Nadeln abstreifen. Rosmarin fein hacken.

4. Die Hälfte der Heidelbeeren mit Wein, Rosmarin und übrigem Zucker aufkochen. Das heiße Heidelbeerkompott über die restlichen Heidelbeeren geben und miteinander vermischen. Die Baisers abwechselnd mit den Beeren und dem Joghurt in fünf Gläser schichten. Mit Kakaopulver bestäuben und nach Belieben mit Rosmarin garnieren. Bis zum Servieren in den Kühlschrank stellen.

5. Die Granatapfelkerne in fünf Schälchen verteilen und mit den gefüllten Datteln und dem Beerentraum servieren.

Topfenschaum auf Orangenbett und Schoko-Salznüsse

Zutaten für 5 Personen
Für den Topfenschaum und die marinierten Orangenfilets
6 Orangen
½ Tasse Grand Marnier
300 g Speisequark
300 g Sahne
4 Eiweiß
Salz
120 g Zucker
30 g Puderzucker und Puderzucker zum Bestäuben
Saft und abgeriebene Schale von 1 Bio-Orange
1 TL Zitronensaft
Mark von 1 Vanilleschote
abgeriebene Schale von ½ Bio-Zitrone
5 Erdbeeren
kleine Minzeblätter

Für die Schoko-Salznüsse
200 g Zartbitterschokolade
150 g Salznüsse

1. Am Vortag die Orangen filetieren, in eine Schüssel füllen und mit Grand Marnier übergießen. Über Nacht durchziehen lassen. Den Quark in ein sauberes Geschirrtuch füllen, in ein Sieb legen und über Nacht über einer Schüssel abtropfen lassen.

2. Am nächsten Tag die Sahne steif schlagen und in den Kühlschrank stellen. Eiweiße mit 1 Prise Salz zu festem Schnee schlagen und nach und nach den Zucker dazugeben. In den Kühlschrank stellen. Den abgetropften Quark mit Puderzucker, Orangensaft, Zitronensaft, Vanillemark sowie Zitrusschalen vermischen. Anschließend zuerst die Sahne und dann den Eischnee vorsichtig unterheben. Ein Sieb auf eine Schüssel setzen, mit einem sauberen Geschirrtuch auslegen, die Masse einfüllen und weitere Flüssigkeit abtropfen lassen. Die Schüssel abdecken und für mindestens 1 Stunde in den Kühlschrank stellen.

3. Für die Schoko-Salznüsse die Schokolade in einen kleinen Topf füllen und über dem heißen Wasserbad schmelzen lassen, die Salznüsse unterrühren und anschließend auf einem Backblech ausstreichen. In den Kühlschrank stellen. 10 Minuten vor Gebrauch aus dem Kühlschrank nehmen und in kleine Stücke brechen.

4. Zum Anrichten Erdbeeren und Minze waschen, trocken tupfen. Je 1 Ausstechring auf jeden Teller setzen und mit dem abgetropften Topfen befüllen. Die Orangenfilets durch ein Sieb abtropfen lassen und mit den geviertelten Erdbeeren rund um den Topfen anrichten. Etwas Puderzucker darübersieben. Die Schoko-Salznüsse dazugeben. Mit Minzeblättern garnieren und die Ausstechringe entfernen.

Goldene Mozartcreme an beschwipstem Fruchtspiegel

1. Für die Mozartcreme das Nougat würfeln, mit der Milch in einen kleinen Topf füllen und über dem heißen Wasserbad schmelzen lassen. Zum Abkühlen beiseitestellen. Die Sahne steif schlagen und 3 EL davon unter die Nougatmasse rühren, die übrige Sahne und die gehackten Pistazien sanft unterheben. Die Creme in Dessertgläser füllen und mindestens 3 Stunden in den Kühlschrank stellen. Kurz vor dem Anrichten mit Goldflöckchen und nach Belieben gehackten Pistazien garnieren.

2. Für den Fruchtspiegel die Mango schälen, das Fruchtfleisch auf den flachen Seiten vom Stein schneiden und klein würfeln, mit dem Pürierstab so fein pürieren, bis keine Stücke mehr vorhanden sind. In eine Quetschflasche umfüllen, in den Kühlschrank stellen.

3. Von den Himbeeren die 15 schönsten beiseitelegen. Übrige Beeren mit Puderzucker und Himbeergeist fein pürieren und durch ein feines Sieb streichen, um die Kernchen zu entfernen. Ebenfalls in eine Quetschflasche füllen und in den Kühlschrank stellen.

4. Die Mozartcreme mit dem Fruchtspiegel und je 1 Kugel Vanilleeis anrichten. Darauf achten, dass abwechselnd ein Tropfen Himbeerpüree und ein Tropfen Mango auf dem Teller aneinandergefügt werden, insgesamt 5 bis 6 Tropfen. Mit einem Zahnstocher einmal durch die Tropfen fahren, sodass eine schöne Marmorierung entsteht.

Zutaten für 5 Personen
Für die Mozartcreme
250 g Nussnougat
10 EL Milch
400 g Sahne
60 g gehackte Pistazien
essbares Blattgold
5 Kugeln Vanilleeis
(am besten selbst gemacht, siehe S. 122)

Für den Fruchtspiegel
1 Mango
200 g Himbeeren
1 EL Puderzucker
1 Schuss Himbeergeist

Weiße Schokomousse auf Kiwispiegel

Zutaten für 5 Personen
Für die Schokomousse
2 Blatt Gelatine
150 g weiße Schokolade
200 g Sahne
100 ml Milch
10 g Puderzucker
(nach Bedarf und eigenem Geschmack)

Für den Fruchtspiegel
6 Kiwis
75 g Puderzucker

1. In einer Schüssel die Gelatine in kaltem Wasser 10 Minuten einweichen. Die weiße Schokolade hacken. Die Schokolade, die Sahne, die Milch und den Puderzucker in einen kleinen Topf füllen und bei schwacher Hitze langsam erhitzen, bis sich die Schokolade vollständig aufgelöst hat.

2. Die Gelatine gut ausdrücken, in die heiße Flüssigkeit geben und unter Rühren darin auflösen. Die Flüssigkeit abkühlen lassen, in den Sahnesyphon füllen und mindestens 4 Stunden in den Kühlschrank stellen.

3. Für den Fruchtspiegel Kiwis schälen und das Fruchtfleisch mit 4 ½ EL Wasser und dem Puderzucker pürieren. Das Kiwipüree dekorativ auf Teller verteilen und ein paar Schokomousse-Tupfen daraufsetzen. Nach Belieben mit essbaren Blüten und einer einfachen Mandeltarte oder einer Snowqueen servieren (siehe Tipp).

DAS BESONDERE EXTRA: SNOWQUEEN

Für dieses einfache Dessert 4 bis 6 Baisers zerbröseln. 600 g Sahne steif schlagen. Baisers, etwas Zucker und 1 ordentlichen Schuss Sherry unter die Sahne rühren, alles auf Gläser verteilen und über Nacht ins Tiefkühlfach stellen. Mindestens 1 Stunde vor dem Servieren herausnehmen und dann mit fein gemahlenem Kaffee bestäuben.

Schokoladige Crème de la Crème mit karamellisiertem Birnenkompott

Zutaten für 5 Personen
Für die Creme
2 ½ reife Avocados
1 EL Zitronensaft
½ Vanilleschote
6 EL Milch
3 EL Kakaopulver
4 EL Ahornsirup

Für das Birnenkompott
2 Birnen
3 EL brauner Zucker
200 ml Apfelsaft
1 TL Speisestärke
1 EL Pistazienkerne
50 g Schokolade (gehobelt)
Zitronenmelisse
2 TL Puderzucker

1. Die Avocados halbieren, den Stein entfernen und das Fruchtfleisch mit einem Esslöffel aus der Schale heben. Mit Zitronensaft in einen Messbecher geben und fein pürieren.

2. Die Vanilleschote längs aufschneiden und das Mark herauskratzen. Vanillemark, Milch, Kakaopulver und Ahornsirup zum Avocadopüree geben und noch einmal fein pürieren. Die Creme in eine Schüssel füllen und 2 Stunden in den Kühlschrank stellen.

3. Für das Birnenkompott die Birnen waschen und trocken reiben. Das Fruchtfleisch rund um das Kerngehäuse in etwa 1 cm dicken Scheiben vom Kerngehäuse schneiden und 1 cm groß würfeln. Den Zucker in einem Topf karamellisieren. Die Birnenwürfel dazugeben, kurz karamellisieren. Mit Apfelsaft ablöschen und kochen, bis sich der Zucker gelöst hat. Stärke mit etwas kaltem Wasser glatt rühren, unter Rühren zum Kompott geben und erneut aufkochen. Beiseitestellen und abkühlen lassen.

4. Die Pistazien grob hacken. Melisse waschen, trocken schütteln und die Blätter abzupfen. Die Creme mit etwas Kompott, Pistazien, Schokolade und Melisse garnieren. Das Kompott mit Puderzucker bestäuben. Alles servieren.

TIPP: Für ein veganes Dessert können Sie die Milch ganz einfach durch Soja- oder Mandeldrink ersetzen. Sehr interessant schmecken Schokoladendesserts auch, wenn man sie mit Olivenöl verfeinert.

Erdbeercreme mit Pistazien-Mandel-Krokant

Zutaten für 5 Personen
Für die Erdbeercreme
1 Blatt Gelatine
500 g Erdbeeren
50 g Zucker
1 Päckchen Vanillezucker
abgeriebene Schale von
1 Bio-Zitrone
2 EL Zitronensaft
150 g Sahne
100 g Frischkäse
250 g Naturjoghurt

Für den Pistazien-Mandel-Krokant
70 g Butter
70 g Zucker
40 g gehackte Pistazien
30 g gehackte Mandeln

1. In einer Schüssel Gelatine in kaltem Wasser 10 Minuten einweichen. Die Erdbeeren waschen, trocken tupfen, 250 g in kleine Stücke schneiden, pürieren und mit Zucker, Vanillezucker, Zitronenschale und -saft 2 bis 3 Minuten köcheln lassen. Die Masse durch ein Sieb passieren. Den Saft nochmals aufkochen, die Gelatine gut ausdrücken, in die heiße Flüssigkeit geben und unter Rühren darin auflösen. Vom Herd nehmen und abkühlen lassen.

2. Die Sahne steif schlagen, Frischkäse dazugeben und cremig rühren. Joghurt unterrühren. Den abgekühlten Erdbeersaft dazugeben. Die restlichen Erdbeeren vierteln und etwa drei Viertel davon in die Masse geben. Auf Gläser verteilen und in den Kühlschrank stellen.

3. Für den Krokant die Butter in einer Pfanne erhitzen. Den Zucker einrühren und karamellisieren. Dann Pistazien und Mandeln unterrühren. Die Masse auf ein mit Backpapier belegtes Backblech geben und abkühlen lassen. In Stücke brechen und auf die Gläser verteilen. Creme mit übrigen Erdbeeren und nach Belieben mit essbaren Blüten garnieren.

Eiskalte Verführer

Egal ob groß oder klein - Eis geht immer. Ein perfektes Dessert, das noch nicht mal mit viel Aufwand verbunden ist. Hier finden Sie eiskalte Varianten, die sich ganz ohne Eismaschine zubereiten lassen und Ihrem Dinner einen weiteren Höhepunkt verpassen. Plus ein Klassiker aus der Eismaschine. Und das alles ganz entspannt.

KLASSISCHES VANILLEEIS

Vanilleeis ist ein prima Partner für viele Desserts. Wer Zeit und Arbeit sparen will, kann Vanilleeis in guter Qualität im Fachhandel oder in der Eisdiele seines Vertrauens kaufen. Andererseits lässt es sich mit wenig Aufwand schon am Vortag zubereiten und macht dann keine Arbeit mehr, wenn die Gäste kommen. Hier ein Grundrezept aus nur fünf Zutaten für die Zubereitung in der Eismaschine.

Grundrezept Vanilleeis

Zutaten für 5 Personen

2 Vanilleschoten
200 ml Milch
300 g Sahne
4 Eigelb
100 g Rohrohrzucker

- Die Vanilleschoten längs aufschlitzen und das Mark herauskratzen. Die leeren Schoten mit Milch, Vanillemark und Sahne in einem Topf aufkochen. Vanilleschoten entfernen.
- Eigelbe und Zucker in einer Schüssel über dem heißen Wasserbad hellcremig aufschlagen. Den heißen Mich-Sahne-Mix langsam dazugießen. Weiterrühren, bis die Creme etwa 80 °C heiß ist und eine dicklich-cremige Konsistenz erreicht hat.
- Die Creme über dem eiskalten Wasserbad kalt rühren. In die Eismaschine füllen und nach Herstellerangaben gefrieren lassen.

CREMIGES PARFAIT

Ein gelungenes Parfait ist so fein, dass es hauchzart auf der Zunge zergeht. Der besondere Schmelz geht auf die Verwendung von Eigelb und Sahne zurück, ein Schuss Alkohol wie z.B. Likör macht das Parfait weicher. Das Beste: Für die Herstellung benötigen Sie nicht mal eine Eismaschine - ein 3-Sterne-Tiefkühlfach und eine Kastenkuchenform reichen aus. Hier finden Sie ein Grundrezept, das Sie nach Ihren Vorlieben abwandeln können, indem Sie pürierte Früchte, Nüsse, Schokolade oder Sirupe hinzufügen.

Grundrezept Vanilleparfait

Zutaten für 5 Personen

1 Vanilleschote
50 ml Milch
5 Eigelb
125 g Zucker
1 Prise Salz
300 g Sahne

- Die Vanilleschote längs aufschlitzen und das Mark herauskratzen. Die Milch mit Vanilleschote und -mark in einem kleinen Topf aufkochen und bei schwacher Hitze etwa 5 Minuten ziehen lassen.
- Eigelbe, Zucker und Salz in einem Schlagkessel über dem heißen Wasserbad hellcremig aufschlagen, die Vanillemilch dazugießen und weiterrühren, bis die Masse eine dicklich-cremige Konsistenz erreicht hat. Über dem eiskalten Wasserbad kalt rühren.
- Die Sahne steif schlagen und unter die abgekühlte Eier-Creme heben. Die Masse in eine Kastenkuchenform füllen, mit Backpapier abdecken und über Nacht im Tiefkühlfach gefrieren lassen.

FRUCHTIGE SORBETS

Für alle, die es weniger süß und cremig mögen, ist ein Sorbet die perfekte Alternative. Hergestellt wird es aus mit Zuckersirup vermischtem Fruchtsaft oder -püree. Beim Verfeinern sind der Fantasie kaum Grenzen gesetzt. Aufregende Experimente mit frischen Kräutern, Möhren, Tomaten und Gurke sowie mit Spirituosen sind erlaubt und erwünscht.

Grundrezept Sorbet

Zutaten für 5 Personen

150 g Zucker
200 ml frisch gepresster Fruchtsaft
(z.B. Orange, Grapefruit oder Johannisbeere)
oder Obstpüree
(z.B. Erdbeeren, Himbeeren, Melone oder Pfirsich)
Saft von 1 Zitrone

- Den Zucker mit 200 ml Wasser in einem Topf aufkochen. Bei schwacher Hitze köcheln lassen, bis der Zucker sich aufgelöst hat. Abkühlen lassen.
- Fruchtsaft oder -püree mit dem Zuckersirup und dem Zitronensaft mischen. Die Masse in einen Behälter füllen und im Tiefkühlfach gefrieren lassen. Alle 30 Minuten einmal durchrühren.

BLITZSCHNELLE NICE-CREAM

Bei diesem Eis kommen Süßschnäbel in wenigen Minuten auf ihre Kosten. Es lässt sich ganz ohne Milchprodukte und sogar zuckerfrei herstellen - ohne dabei Geschmack oder Aroma einzubüßen. Grundlage sind gefrorene Bananen, die sich nach Belieben mit weiteren TK-Früchten, Beeren, Kokosraspeln, Pistazien, Schokolade und verschiedenen Pflanzendrinks sowie Honig und Ahornsirup kombinieren lassen.
Als Topping eignen sich gehackte Kräuter wie Minze, Basilikum oder Thymian sowie Kokosraspel, Schokoladenspäne und gehackte Nüsse.

Nice-Cream mit Himbeeren

Zutaten für 5 Personen

3–4 Bananen
½ Vanilleschote
200 g TK-Himbeeren
5 EL Mandeldrink
2 EL Zitronensaft
Minzeblätter

- Die Bananen schälen, in Stücke schneiden und mindestens 4 Stunden im Tiefkühlfach gefrieren lassen.
- Die gefrorenen Bananen kurz antauen lassen und in einen hohen Rührbecher füllen. Vanilleschote aufschlitzen, Mark herauskratzen, mit TK-Himbeeren, Mandeldrink und Zitronensaft zu den Bananen geben und mit dem Stabmixer (oder im Standmixer) fein pürieren. Mit in Streifen geschnittenen Minzeblättern toppen.

BEI FERTIGEIS GENAU HINSCHAUEN

Natürlich freuen sich die Gäste auch über eine gute Kugel Fertigeis - Hauptsache, die Qualität stimmt. Denn Eis ist nicht gleich Eis: Beim Griff ins Tiefkühlfach von Bio- und Supermärkten lohnt sich ein gründlicher Check der Verpackung. Manche Hersteller tricksen mit dem Volumen, indem sie ihrem Eis Luft zusetzen. Vergleichen Sie daher die Gewichtsangaben bei gleich großen Verpackungen.

Achten Sie auch auf die Zutatenliste: Wird Mager- statt Vollmilch verwendet? Dann lieber nicht zugreifen, denn Fett ist beim Eis ein wichtiger Geschmacks- und Aromaträger. Enthält das Eis Kokosfett oder andere pflanzliche Fette? Das ist ein Hinweis darauf, dass bei der Produktion gespart wurde. Auch der Name auf dem Etikett verrät einiges: Kaufen Sie Produkte, die die Zusätze „Creme", „Milch" oder „Sahne" im Namen tragen. Denn nur diese Sorten sind ausschließlich aus Milchfetten hergestellt.

Als Faustregel gilt: Je hochwertiger das Eis, desto kürzer ist die Zutatenliste - und die Haltbarkeit. Bei vielen Herstellern sorgen Stabilisatoren, Emulgatoren und Farbstoffe dafür, dass ihr Eis lange haltbar ist, während Preis und Qualität sinken.

Nussgefüllter Apfel aus dem Rohr

1. Den Backofen auf 200 °C (Umluft) vorheizen. Die Pinienkerne in einer Pfanne ohne Fett anrösten. Die Äpfel waschen, trocken reiben, das Kerngehäuse ausstechen. Die gehackten Nüsse mit Cranberrys und Zimt vermischen. Die entkernten Äpfel mit der Nussmasse füllen. Die Äpfel in eine gefettete Auflaufform setzen und auf jeden Apfel 1 Msp. Butter geben.
Im Backofen etwa 25 Minuten backen.

2. Für die Schokoladen-Vanille-Sauce die Speisestärke und das Eigelb in 2 EL kalter Milch anrühren. Die Schokolade fein hacken. Die übrige Milch mit dem Zucker und dem Vanilleextrakt aufkochen. Die angerührte Stärke unter ständigem Rühren dazugießen und kurz aufkochen. Anschließend bei sehr niedriger Hitze die gehackte Schokolade darin auflösen.

3. Die Bratäpfel jeweils nach Belieben mit 1 Kugel Eis auf Desserttellern anrichten. Das Eis mit etwas Zimt bestäuben.
Die Schokoladen-Vanille-Sauce als Spiegel auf die Teller gießen und leicht über den Apfel laufen lassen. Mit Mandelblättchen garnieren.

Zutaten für 5 Personen
Für die gefüllten Äpfel
50 g gehackte Pinienkerne
5 Äpfel
50 g Mandelblättchen
50 g gehackte Walnüsse
50 g gehackte Haselnüsse
50 g getrocknete Cranberrys
2 TL Zimtpulver
Butter zum Einfetten
1 EL Butter
Mandelblättchen zum Garnieren

Für die Schokoladen-Vanille-Sauce
1 EL Speisestärke
1 Eigelb
½ l Milch
100 g weiße Schokolade
20 g Zucker
1 TL Vanilleextrakt

Außerdem
5 Kugeln Eis
(nach Belieben;
z.B. Zimteis, siehe Tipp)
Zimtpulver zum Bestäuben

DAS BESONDERE EXTRA: ZIMTEIS

Für das Zimteis 3 Eigelbe mit 75 g Puderzucker schaumig rühren. 250 g Sahne steif schlagen und zusammen mit 1 TL Zimtpulver und 2 EL Rum vorsichtig unter die Eigelbmasse heben. Das Ganze in eine Eismaschine füllen und 20 bis 40 Minuten rühren, bis ein cremiges Eis entstanden ist.

Birne Cassis

Zutaten für 5 Personen
500 g Rote Johannisbeeren
200 ml Rotwein
5 Birnen
500 g Sahne
Crème de Cassis (nach Belieben)
Portwein (nach Belieben)
Zucker (nach Belieben)

1. Die Johannisbeeren waschen, trocken tupfen. Die Beeren von den Rispen streifen. In einen großen Topf geben, Rotwein und 100 ml Wasser dazugeben, alles aufkochen.

2. Die Birnen schälen, zu den Johannisbeeren in den Topf geben und mitköcheln lassen. Die Birnen nach etwa 15 Minuten herausnehmen und unten gerade abschneiden, damit sie aufrecht stehen können. Die Sahne in einen Sahnesyphon geben (oder steif schlagen) und in den Kühlschrank stellen. Die Johannisbeeren einkochen lassen. Zum Schluss nach Belieben Crème de Cassis, Portwein und Zucker dazugeben und weiter einkochen lassen, bis die Masse beginnt einzudicken.

3. Zum Anrichten je 1 Birne auf etwas Johannisbeerensauce setzen und reichlich mit Sahne garnieren.

Crème-brûlée-Semifreddo mit Mangokompott

Zutaten für 5 Personen
Für die Sauce
60 g Zucker
80 g Sahne
Fleur de Sel

Für das Eis
1 Vanilleschote
160 g Zucker
6 Eigelb
1 TL abgeriebene Bio-Zitronenschale
500 g Sahne

Für das Mangokompott
3 reife Mangos
1 Papaya
Puderzucker
Limettensaft
Zitronenmelisseblätter zum Garnieren

Für die karamellisierten Mandeln
70 g Zucker
50 g Mandeln

1. Für die Sauce den Zucker in einem kleinen Topf hellbraun karamellisieren, Sahne dazugießen, bei milder Hitze kochen, bis sich der Karamell vollständig aufgelöst hat. Fleur de Sel unterrühren und abkühlen lassen.

2. Für das Semifreddo die Vanilleschote längs aufschneiden, das Mark herauskratzen. Mark und Schote mit Zucker und 80 ml Wasser aufkochen und bei mittlerer Hitze 1 Minute kochen. Sirup lauwarm abkühlen lassen.

3. Vanillesirup durch ein Sieb in einen Schlagkessel gießen, Eigelbe dazugeben und über dem heißen Wasserbad mit dem Schneebesen dickcremig aufschlagen. Die Zitronenschale unterrühren und die Creme im eiskalten Wasserbad kalt rühren. Die Sahne steif schlagen und nach und nach mit dem Teigspatel unter die Creme heben.
In gekühlte Förmchen füllen. Mit Klarsichtfolie abdecken und mindestens 6 Stunden im Tiefkühlfach gefrieren lassen.

4. Für das Kompott die Mangos schälen. Das Fruchtfleisch auf den flachen Seiten vom Stein schneiden und klein würfeln. Die Papaya schälen und klein schneiden. Das Obst mit Puderzucker und Limettensaft marinieren.

5. Für die Mandeln Zucker in einem kleinen Topf hellbraun karamellisieren. Die Mandeln zügig dazugeben und mit einem Holzlöffel gut unterrühren. Die Masse auf Backpapier geben, vollständig abkühlen lassen und grob in Stücke brechen.

6. Das Semifreddo aus dem Tiefkühlfach nehmen, kurz antauen lassen und aus den Förmchen auf die Dessertteller stürzen. Mit karamellisierten Mandeln, Mangokompott und Zitronenmelisseblättern garnieren. Die Karamellsauce dazu reichen.

Herrencreme mit Salzkaramell

Zutaten für 5 Personen

Für den Brownie-Boden

45 g Butter
100 g Zartbitterschokolade
1 Ei
45 g Zucker
20 g Mehl
15 g Kakaopulver
1 Msp. Natron
1 Msp. Backpulver

Für die Herrencreme

150 g Speisestärke
1 l Milch
2 Vanilleschoten
100 g Zucker
3 Eigelb
3 EL Rum
1 EL Vanilleextrakt
400 g Sahne
100 g Zartbitterschokolade

Für das Salzkaramell

1 Vanilleschote
10 g Butter
½ TL Fleur de Sel
100 g Zucker
200 g Sahne

1. Für den Brownie-Boden den Backofen auf 175 °C vorheizen. Butter und Schokolade in einer Metallschüssel über dem heißen Wasserbad schmelzen lassen. Ei und Zucker unterrühren. Mehl, Kakao, Natron und Backpulver mischen. Die Mehlmischung unterheben. Eine Springform mit Backpapier auslegen. Den Teig dünn darauf verstreichen und im Ofen 10 bis 12 Minuten backen.

2. Für die Herrencreme die Speisestärke mit etwas Milch glatt rühren. Die restliche Milch erwärmen. Die Vanilleschoten längs aufschneiden und das Mark herauskratzen. Speisestärke, Zucker, Eigelbe, Vanillemark und ausgekratzte Vanilleschote zur Milch geben. Bei mittlerer Hitze so lange rühren, bis die Masse andickt. Vom Herd nehmen. Rum und Vanilleextrakt dazugeben. Abkühlen lassen. Vanilleschote entfernen.

3. Die Sahne steif schlagen und unter die abgekühlte Creme heben. Aus dem Brownie-Boden 5 Kreise ausstechen. Je einen Törtchenring darumlegen und die Herrencreme einfüllen. Mindestens 5 Stunden in den Kühlschrank stellen.

4. Inzwischen für das Salzkaramell die Vanilleschote längs aufschneiden und das Mark herauskratzen. Mit Butter und Fleur de Sel verkneten und ins Gefrierfach stellen. Den Zucker in einer Pfanne karamellisieren. Die eiskalte Salz-Vanille-Butter hinzufügen. Mit Sahne ablöschen. Beiseitestellen.

5. Die Schokolade hacken. Die Törtchen aus dem Kühlschrank nehmen, Tortenringe entfernen. Jedes Törtchen mit Schokolade bestreuen, mit Salzkaramell umgießen und nach Belieben mit Beeren dekorieren.

Bieramisu

Zutaten für 5 Personen
260 ml helles Bier
170 g Zucker
200 ml Kaffee
300 g Sahne
60 g Mascarpone
3 sehr frische Eigelb
12 Löffelbiskuits
Kakaopulver zum Bestäuben

1. 200 ml Bier und 50 g Zucker in einem kleinen Topf erhitzen, bis der Zucker sich aufgelöst hat. Kaffee dazugeben und aufkochen.

2. Die Sahne steif schlagen, Mascarpone in eine Schüssel geben und die Sahne unterrühren. In den Kühlschrank stellen.

3. Wasserbad für die Zabaione vorbereiten. Eigelbe und übrigen Zucker in einen kleinen Topf füllen und über dem heißen Wasserbad mit dem Schneebesen so lange rühren, bis eine schaumige Masse entsteht. Das restliche Bier hinzugeben und weiter aufschlagen. Im eiskalten Wasserbad kalt rühren.

4. Mascarponecreme mit einem Handrührgerät 5 bis 10 Minuten aufschlagen, danach Bierzabaione unterrühren. Löffelbiskuits kurz in die Kaffee-Bier-Mischung tauchen. Biskuits und Creme nacheinander in eine Auflaufform schichten und mindestens 2 Stunden in den Kühlschrank stellen. Vor dem Servieren großzügig mit Kakaopulver bestäuben.

TIPP: Der Klassiker schmeckt anstelle von Bier auch mit Amaretto. Wer es fruchtig mag, schichtet zusätzlich Beeren in die Form.

Schlesische Mohnklöße mit Vanillesauce

Zutaten für 5 Personen

Für die Mohnklöße

50 g Rosinen
50 ml Rum
100 g gemahlener Mohn
1½ l Milch
1 Vanilleschote
Vanillearoma
2 EL Grieß
4 Rosinenbrötchen vom Vortag

Für die Vanillesauce

400 ml Milch
2 TL Speisestärke
2 Vanilleschoten
2 Eigelb
3 EL Zucker
200 g Sahne

1. Für die Mohnklöße die Rosinen im Rum einlegen und 3 bis 4 Stunden einweichen lassen.

2. Den gemahlenen Mohn mit der Milch langsam aufkochen und unter ständigem Rühren 30 Minuten köcheln lassen. Die Vanilleschote längs aufschneiden und das Mark herauskratzen. Vanillearoma, -mark, Rumrosinen und Grieß in die heiße Milch einrühren.

3. Die Rosinenbrötchen in Scheiben schneiden. Brötchen und Mohnmasse abwechselnd in eine Auflaufform schichten und zugedeckt über Nacht im Kühlschrank durchziehen lassen.

4. Am nächsten Tag für die Vanillesauce die Milch aufkochen. Inzwischen die Speisestärke mit 2 bis 3 EL Milch glatt rühren. Vanilleschoten längs aufschneiden und das Mark herauskratzen. Eigelbe leicht verquirlen. Speisestärke, Vanillemark, Zucker und Sahne unter die heiße Milch rühren, vom Herd nehmen und die Eigelbe unterrühren.

5. Die Mohnklöße mit der Vanillesauce servieren. Dazu passt ein Beerenblitzeis (siehe S.123).

TIPP: Qualitativ hochwertige Fertigsaucen enthalten wenig oder gar keinen Zucker und im Idealfall echte Vanille. Achten Sie daher beim Kauf immer auf die Inhaltsstoffe. Je weniger Zutaten angegeben sind, desto besser.

Apfelkräpfli mit Rote-Grütze-Sauce

Zutaten für 5 Personen

Für die Rote-Grütze-Sauce
25 g Speisestärke
250 ml Kirschwein
750 g rote TK-Beeren
10 g Rum
100 g Kokosblütenzucker

Für die Apfelkräpfli
3 Eier
180 g Mehl und Mehl zum Wenden
180 ml Milch
2 EL Zucker
Salz
1 Päckchen Vanillezucker
Öl zum Frittieren
3–5 Äpfel
(je nach Größe, z.B. Boskop)
Puderzucker zum Bestäuben

1. Für die Sauce die Speisestärke mit 1 bis 2 TL Kirschwein glatt rühren. Mit den übrigen Zutaten in einem Topf aufkochen und etwa 15 Minuten köcheln lassen. Die Rote-Grütze-Sauce durch ein Sieb passieren und in den Kühlschrank stellen.

2. Für den Backteig die Eier mit Mehl, Milch, Zucker, 1 Prise Salz und Vanillezucker verrühren.

3. Das Öl in einer Fritteuse oder einer Pfanne mit hohem Rand auf etwa 180 °C erhitzen. Die Äpfel schälen, Kerngehäuse entfernen und das Fruchtfleisch in ca. 1 cm dicke Scheiben schneiden. Die Scheiben auf beiden Seiten in Mehl wenden und in den Backteig tauchen. Die Apfelkräpfli im heißen Öl ausbacken. Sie sind fertig, wenn sie goldbraun und knusprig sind. Auf Küchenpapier entfetten.

4. Die Apfelkräpfli mit Puderzucker bestäuben und mit der Rote-Grütze-Sauce auf Tellern anrichten. Nach Belieben mit frischen Beeren garnieren.

Crêpes mit Heidelbeerkompott und Honigschaum

1. Für das Heidelbeerkompott 100 ml Wasser und Zucker aufkochen, mit etwas Speisestärke abbinden, sodass ein zähflüssiger Sirup entsteht. Die Heidelbeeren waschen, trocken tupfen und dazugeben. Einmal schwach aufkochen. Beiseitestellen.

2. Für den Honigschaum in einer Schüssel Gelatine in kaltem Wasser 10 Minuten einweichen. Zucker und Eigelbe schaumig schlagen. Die Milch aufkochen und vom Herd nehmen, Honig einrühren und die Eigelb-Zucker-Masse in die Milch rühren, die Gelatine gut ausdrücken, in die heiße Flüssigkeit geben und unter Rühren darin auflösen, die Masse abkühlen lassen und in einen Sahnesyphon füllen.

3. Für die Crêpes die Butter zerlassen und abkühlen lassen. Mehl, ½ TL Salz, Milch und Butter gut verrühren, die Eier kurz unterrühren. Teig mindestens 1 Stunde ruhen lassen. Vor der Zubereitung noch einmal durchrühren. Bei Bedarf noch etwas Milch dazugeben. Crêpespfanne mit Öl ausreiben, 1 Schöpfkelle Teig in der Pfanne verteilen und bei mittlerer Hitze auf jeder Seite etwa 1 Minute backen.

4. Die Crêpes mit dem Heidelbeerkompott und dem Honigschaum auf Tellern anrichten.

Zutaten für 5 Personen
Für das Heidelbeerkompott
50 g Zucker
etwas Speisestärke
300 g Heidelbeeren

Für den Honigschaum
1 Blatt Gelatine
50 g Zucker
3 Eigelb
250 ml Milch
3 EL Honig

Für die Crêpes
50 g Butter
200 g Mehl
Salz
600 ml Milch
4 Eier
Öl zum Backen

DAS BESONDERE EXTRA: LEBKUCHENEIS

Gerade in den kalten Monaten perfekt dazu: 10 Eigelbe mit 340 g Sahne, 400 g Zucker, 80 g Dextrose, 80 g Magermilchpulver und 10 g Eisbindemittel aufschlagen. 1 ½ l Milch mit 5 TL Lebkuchengewürz aufkochen. Das Eigemisch in die kochende Milch geben und einmal unter Rühren aufkochen. Masse abkühlen lassen und in die Eismaschine geben. Das fertige Eis zu Kugeln formen und in fein gehackten oder gemahlenen Lebkuchen wälzen.

Mandel-Parfait mit Tarte au Chocolat

Zutaten für 5 Personen
Für das Parfait
150 g Mandeln (blanchiert)
210 g Zucker
1 Vanilleschote
6 Eigelb
Salz
450 g Sahne

Für die Tarte au Chocolat
200 g Zartbitterschokolade
200 g Butter und Butter für die Form
4 Eier
100 g Puderzucker
1 Päckchen Vanillezucker
Salz
100 g gehackte Schokolade
(50 % Kakaoanteil)
2 EL Kakaopulver
2 EL Speisestärke
½ TL Backpulver
Fett für die Form

1. Für das Parfait die Mandeln in einer Pfanne ohne Fett goldbraun rösten und herausnehmen. 60 g Zucker in der Pfanne karamellisieren und die Mandeln unterrühren. Auf einem mit Backpapier belegten Backblech abkühlen lassen. Dann die Mandeln fein hacken.

2. Die Vanilleschote längs aufschneiden und das Mark herauskratzen. 75 ml Wasser mit Vanilleschote, Vanillemark und dem restlichen Zucker aufkochen und 1 Minute kochen lassen.

3. Die Eigelbe mit 1 Prise Salz und dem Vanillesirup in einer Metallschüssel über Eiswasser dickcremig aufschlagen. Die Vanilleschote entfernen und die restliche Creme über Eiswasser kalt rühren.

4. Die Sahne steif schlagen. Zuerst die Mandeln und dann die Sahne vorsichtig unter die Parfaitmasse heben. Eine Kastenform mit Frischhaltefolie auslegen und die Masse einfüllen. Mit Frischhaltefolie bedecken und mehrere Stunden oder über Nacht in das Tiefkühlfach stellen.

5. Für die Tarte au Chocolat den Backofen auf 175 °C vorheizen. Zartbitterschokolade und Butter in einer Metallschüssel über dem heißen Wasserbad schmelzen. Inzwischen die Eier aufschlagen und mit Puderzucker, Vanillezucker und 1 Msp. Salz dickcremig rühren. Die handwarm abgekühlte Schokoladen-Butter-Masse und die gehackte Schokolade dazugeben. Kakaopulver, Speisestärke sowie Backpulver mischen und unterheben. Den Teig in eine gefettete Springform füllen und im Ofen 25 bis 30 Minuten backen.

6. Die Tarte in Stücke schneiden und kalt oder lauwarm mit 1 Scheibe Mandel-Parfait servieren. Nach Belieben mit gehackten Mandeln und frischen Beeren garnieren.

Französische Zitronentarte mit Beerenbaiser

1. Für den Mürbeteig Mehl, Zucker und Butter mischen und zu einem glatten Teig kneten. Den Mürbeteig in Frischhaltefolie wickeln und 1 Stunde in den Kühlschrank stellen. Danach dünn ausrollen.

2. Den Teig in Tarteförmchen oder eine Springform drücken und mit der Gabel mehrmals einstechen. Den Teig mindestens 2 Stunden ins Tiefkühlfach stellen. Den Backofen auf 180 °C vorheizen und die Tartes im Ofen goldbraun backen.

3. Aus Orangensaft, Zitronensaft und -schale, Eigelben und Puddingpulver eine Creme kochen. Die Creme in die Mürbeteigschalen füllen und bis zum Servieren in den Kühlschrank stellen.

4. Für das Beerenbaiser die Eiweiße zu steifem Schnee schlagen und den Zucker nach und nach dazugeben. Das Beerenpüree unterrühren und die Masse in einen Spritzbeutel mit Sterntülle füllen.

5. Die Tartes aus den Förmchen lösen bzw. in Stücke schneiden und einzeln mit Baisertupfen dekorieren. Mit Puderzucker bestäuben und mit dem Flambierbrenner abflammen. Auf jedem Teller 1 Stück Zitronentarte nach Belieben mit essbaren Blüten und mit 1 Kugel Schokoladeneis anrichten.

Zutaten für 5 Personen
Für den Mürbeteig
300 g Mehl
100 g Zucker
200 g Butter

Für die Zitronencreme
200 ml Orangensaft
200 ml Zitronensaft
abgeriebene Schale von 1 Bio-Zitrone
5 Eigelb
50 g Vanillepuddingpulver

Für das Beerenbaiser
2 Eiweiß
100 g Zucker
100 g Beerenpüree
(durch ein Sieb gestrichen)

Außerdem
Puderzucker zum Bestäuben
5 Kugeln Schokoladeneis
(nach Belieben;
am besten selbst gemacht,
siehe Tipp)

DAS BESONDERE EXTRA: SELBST GEMACHTES SCHOKOLADENEIS
Für ein cremiges Schokoeis ½ l Milch in einem Topf erhitzen. 125 g Kakaopulver, 125 g Zucker und 35 g Kuvertüre einrühren und abkühlen lassen. Die abgekühlte Eismasse in die Eismaschine einfüllen und 40 bis 50 Minuten gefrieren lassen.

Blutorangen-Mascarponetörtchen

Zutaten für 6 Personen
100 g Butter
300 g Kekse
(z.B. Butterkekse oder Butterspekulatius)
250 g Mascarpone
250 g Ricotta
½ l frisch gepresster Blutorangensaft
3 EL Orangenlikör
100 g Zucker
1 Bio-Blutorange
300 g Sahne
9 Blatt Gelatine

1. Die Butter zerlassen. Die Kekse im Blitzhacker zerkleinern und mit der zerlassenen Butter vermengen. Eine Springform mit Backpapier auskleiden, die Keksmischung zu einem Boden andrücken und in den Kühlschrank stellen.

2. Mascarpone, Ricotta, 400 ml Orangensaft, Orangenlikör, Zucker und abgeriebene Orangenschale zu einer glatten Creme verrühren. Die Sahne steif schlagen.

3. In einer Schüssel Gelatine in kaltem Wasser 10 Minuten einweichen. Den restlichen Orangensaft erwärmen, die Gelatine gut ausdrücken, in die heiße Flüssigkeit geben und unter Rühren darin auflösen.

4. 3 bis 4 EL Creme mit der Gelatinemischung verrühren, zur restlichen Creme geben und gut mischen. Die Sahne vorsichtig unterheben und alles in die Springform füllen. Die Torte sollte mindestens 6 Stunden kühlen. Die Torte in Stücke teilen oder mit einem Servierring Portionen ausstechen. Nach Belieben mit Früchten servieren.

Bananenbrot mit Vanilleeis und Espresso

1. Backofen auf 175 °C vorheizen. Die Butter in einem Topf zerlassen. In einer großen Schüssel Butter und Zucker etwa 2 bis 3 Minuten verquirlen. Eier und Vanilleextrakt dazugeben und 1 weitere Minute rühren. Mehl, ½ TL Salz und Natron dazugeben und kurz verrühren, bis alle Zutaten verbunden sind. Die Bananen schälen und mit einer Gabel zerdrücken. Bananenmus und Joghurt zum Teig geben und kurz unterrühren.

2. Den Teig in eine Brotform geben und im vorgeheizten Backofen 55 Minuten lang backen.

3. Nachdem das Bananenbrot abgekühlt ist, in Scheiben schneiden und auf den Teller legen. Bananenbrot mit zerbröselten Tim Tams und Vanilleeis toppen. Espresso über das Eis geben.

Zutaten für 5 Personen
110 g Butter
100 g Zucker
100 g brauner Zucker
2 Eier
2 TL Vanilleextrakt
190 g Mehl
Salz
1 TL Natron
3 reife Bananen
150 g Naturjoghurt
5 Tim Tams
(australische Schokoladenkekse, ersatzweise Schokoladenbiskuitkekse)
5 Kugeln Vanilleeis
5 Tassen Espresso

Pastéis de Nata mit Amarettini-Parfait

Zutaten für 5 Personen
Für die Pastéis de Nata
250 g TK-Blätterteig
Butter zum Einfetten
30 g Mehl
250 ml Milch
abgeriebene Schale von 1 Bio-Zitrone
1 Zimtstange
150 g Zucker
3 Eigelb
Puderzucker oder Zimtpulver zum Bestäuben

Für das Amarettini-Parfait
120 g Amarettini
300 g Sahne
75 g Zucker
3 Eigelb
75 ml abgekühlter Milchkaffee
6 Tropfen Mandelaroma
1 TL Vanilleextrakt

1. Für die Pastéis de Nata den Blätterteig kurz antauen lassen. Die zwölf Mulden des Muffinblechs mit Butter fetten und mit Blätterteig bis über den Rand auskleiden. Den Ofen auf 230 °C (Umluft) vorheizen. Das Mehl und etwas Milch miteinander verrühren.

2. Den Rest der Milch mit der Zitronenschale und der Zimtstange unter ständigem Rühren aufkochen. Das Mehl-Milch-Gemisch unterrühren. Bei schwacher Hitze weiterköcheln lassen, bis eine puddingähnliche Masse entsteht, vom Herd nehmen, Zimtstange entfernen.

3. Zucker und 125 ml Wasser aufkochen und etwa 3 Minuten köcheln lassen. Die Zuckermasse langsam in die Puddingmasse einrühren. Die Masse durch ein Sieb streichen und die Eigelbe unterrühren.

4. Die Masse in die zwölf Mulden eines Muffinblechs füllen und im Ofen 17 Minuten backen. Vor dem Servieren mit Puderzucker oder Zimt bestäuben.

5. Für das Parfait die Amarettini zerbröseln. Die Sahne steif schlagen, die Keksbrösel unterheben und die Masse in den Kühlschrank stellen. Den Zucker mit Eigelben, Kaffee, Mandelaroma und Vanilleextrakt in einen Schlagkessel füllen und über dem heißen Wasserbad 5 Minuten schaumig schlagen. Die Schüssel in kaltes Wasser stellen und weiterschlagen, bis die Masse abgekühlt ist. Jetzt die Kekssahne unterheben, die Parfait-Masse in eine mit Frischhaltefolie ausgelegte Kastenform füllen und mit Frischhaltefolie abdecken, mindestens 8 Stunden tiefkühlen.

6. Die Pastéis und das Parfait auf Tellern anrichten und nach Belieben mit frischen Beeren und Amarettini-Bröseln garnieren.

DAS BESONDERE EXTRA: SCHOKOKUCHEN

Dafür 4 Eier trennen. Die Eigelbe mit 100 g Zucker schaumig rühren. 80 g Butter und 200 g Zartbitterschokolade in einen kleinen Topf füllen und über dem heißen Wasserbad schmelzen lassen. 1 EL Mehl unterrühren. Schokoladenmasse und Eiercreme miteinander verrühren. Eiweiße mit 1 Prise Salz steif schlagen und unter den Teig rühren, bis eine homogene Masse entsteht. Bei 220 °C 13 bis 15 Minuten backen.

Der Käsegang

Keine Lust auf Süßes?

Keinen Appetit auf Mousse au Chocolat, Crème brûlée oder Tiramisu? Der Schlusspunkt eines Menüs muss nicht unbedingt süß sein, damit ein Happy End daraus wird. Auch eine wohlkomponierte Käseauswahl lässt Genießerherzen höherschlagen und ist eine schnelle, einfache Alternative. Worauf es dabei ankommt, lesen Sie hier.

WELCHEN KÄSE NEHM ICH NUR?

Grundsätzlich unterscheidet man fünf verschiedene Käsekategorien, die jeweils aus der Milch von Ziegen, Schafen oder Kühen hergestellt werden. Je nach Milchsorte und Zubereitungsart variiert der Geschmack innerhalb jeder Kategorie von mild bis würzig. Um eine spannende Vielfalt zu erreichen, sollten Sie fünf bis neun verschiedene Käsesorten präsentieren, die sich sowohl in ihrer Textur als auch in der Milchart unterscheiden. Achten Sie beim Kauf unbedingt auf Qualität und lassen Sie sich im Feinkostladen, vom Käsehändler oder auf dem Markt beraten oder verkosten Sie die Sorten vorab.

Frischkäse

Er ist cremig und lässt sich leicht verstreichen. Weil er keine lange Reifezeit braucht, kann er unmittelbar nach der Herstellung verzehrt werden.

Hartkäse

Käse dieser Kategorie haben lange Reifezeiten. Je nach Sorte kann diese bis zu drei Jahre betragen. Berühmte Vertreter sind italienischer Pecorino oder Parmesan.

Weißschimmelkäse

Weichkäsesorten wie Camembert oder Brie werden von einem weißen Edelschimmel ummantelt, der den Käsen einen mild aromatischen Geschmack und ein leicht säuerliches Aroma verleiht.

Schnittkäse

Ein Klassiker auf Brot und Brötchen, weil er sich so leicht schneiden lässt. Probieren Sie doch einmal Fontina, Asiago Bergkäse oder Esrom.

Blauschimmelkäse

Die Palette der unterschiedlichen Sorten reicht von mild bis pikant, sie sind in vielen verschiedenen Regionen bekannt. Beliebt sind der französische Roquefort, italienischer Gorgonzola und englischer Stilton.

WIE VIEL KÄSE DARF ES SEIN?

Ist die Käseplatte als Dessert und Abschluss eines mehrgängigen Menüs gedacht, rechnet man etwa 80 g Käse pro Person. Wird nur Käse gereicht, dürfen es pro Kopf ruhig 180 bis 200 g sein.

CLEVER KOMBINIERT

Viele Puristen kann man allein mit einem Stückchen Käse und einer knusprigen Scheibe Baguette glücklich machen. Alle anderen freuen sich über süße Begleiter in Form von Früchten, Honig, Chutneys, Marmeladen und Senf. Wer schlicht Tafeltrauben zum Käse serviert, macht sicher nichts falsch. Aber auch Experimente mit Birnen und Blauschimmelkäse, Feigen und Parmesan, Preiselbeeren oder Mango-Chutney zu mildem Gouda oder Camembert fördern unverhofft neue kulinarische Traumpaare zutage. Wagemutige kombinieren edelbittere Schokoladensorten zum Beispiel mit Roquefort oder Stilton und lassen sich vom überzeugenden Ergebnis verblüffen.

Da der Trend beim Anrichten zum Food-Board geht, ist Vielseitigkeit bei den Begleitern kein Nachteil. Allerdings sollten die Beilagen wohldosiert gesetzt werden, um dem Star auf der Platte - dem Käse - nicht den Rang abzulaufen.

Dann ran an die Käseplatte!

ANRICHTEN IM UHRZEIGERSINN

Um den Käsegenuss perfekt zu machen, hat es sich bewährt, die verschiedenen Käsesorten in einer festgelegten Reihenfolge anzurichten. Die mildeste Sorte - oft ein Frischkäse - startet auf 12 Uhr, alle anderen folgen im Uhrzeigersinn rings um die Käseplatte.

Auf diese Weise stellen Sie sicher, dass kein kräftiger Käse den Geschmack eines milderen überdeckt.

Die „Käseuhr" hilft dabei, sich auf der Platte zurechtzufinden. Der Geschmack steigert sich von mild bis würzig, sodass Ihre Gäste sich im Uhrzeigersinn durch die ganze Geschmackspalette probieren können - auch wenn sie keine ausgewiesenen Käseexperten sind.

KÄSE UND WEIN

Tja, wer die Wahl hat, hat die Qual. Das Thema Käse und Wein ist ein weites Feld, das schon viele Gourmets beackert haben. Und auch hier gilt: Über Geschmack lässt sich schwer streiten. Obwohl: Mit einem säurebetonten und kräftigen oder gleich einem restsüßen Weißwein machen Sie sicher nichts verkehrt und ziehen Ihre Gäste schnell auf Ihre Seite. Zusätzlich können Sie die folgenden Regeln bedenken, dann fällt die Auswahl leichter:

- Bevorzugen Sie unbedingt Weißweine. Es ist ein längst und vielfach widerlegtes Ammenmärchen, dass zu gutem Käse nur ein kräftiger Schluck Rotwein gehört.
- Orientieren Sie sich bei der Weinauswahl am kräftigsten und aromatischsten Käse, den Sie servieren wollen.
- Wenn Ihre Käseauswahl sich auf eine bestimmte Region fokussiert, harmonieren in der Regel auch die Weine aus derselben Region.

Top-Five-Begleiter

grüne und blaue Weintrauben // reife Feigen // Birnen in Spalten // Beeren wie Heidelbeeren, Himbeeren oder Brombeeren // Brot in unterschiedlichen Sorten

Menüvorschläge für ein perfektes Dinner

Ihnen fehlt noch der letzte Schliff? Kein Problem! Auf den folgenden Seiten finden Sie Menüvorschläge, die Ihrem Dinner auch thematisch eine rote Linie geben. Egal zu welcher Jahreszeit: Mit Fleisch, Fisch, vegetarisch, einer Hommage an Bayern oder einem Ausflug ins Exotische – hier wird jeder satt und glücklich. Diese Seite zeigt das Covermenü: eine köstliche Komposition, die nicht nur geschmacklich punktet, sondern auch farblich ein absoluter Augenschmaus ist.

Gratinierte Feige mit Ziegenkäse und Feldsalat
// Seite 22

Saltimbocca alla romana mit Rosmarinkartoffeln und Erbsen-Minz-Püree
// Seite 89

Orangencreme
// Seite 108

Frühling

Raus aus dem Winterschlaf!
Die Stars der Saison – frischer Kräutersalat, knackiger Spargel und saftige Erdbeeren – sorgen für ein kulinarisches Erwachen.

Zitronengrasspieße mit Koriander, Erdnussdip und Wildkräutersalat // Seite 57

Kräuter-Lammlachse mit Bacon und Ofengemüse // Seite 101

Erdbeercreme mit Pistazien-Mandel-Krokant // Seite 121

Sommer

Der Geschmack von Urlaub und Sonnenschein. Mit einem luftigen Dessert, das zum Träumen einlädt.

Spinatsalat mit Lachs und Beeren-Vinaigrette
// Seite 25

Surf & Turf mit Parmesankruste und Serviettenknödel
// Seite 97

Beerentraum mit Granatapfel und gefüllten Datteln
// Seite 111

Herbst

Diese Verwöhnkreationen machen der bunten Jahreszeit Konkurrenz. Hier folgt ein Gaumenschmaus dem nächsten.

Maronencremesuppe mit Portweinpflaume
// Seite 38

Wildschweingulasch Schoko-Orange mit Polenta und Ofen-Rosenkohl
// Seite 102

Apfelkräpfli mit Rote-Grütze-Sauce
// Seite 136

Winter

Heiß, deftig und süß – so schmeckt uns der Winter gut.
Wärmen Sie Ihre Gäste mit diesem genussvollen Wohlfühlmenü von innen auf.

Cordon bleu vom Kaninchen mit Kräuterseitlingen // Seite 58

Geschmorte Kalbsbäckchen mit Rotweinschalotten und Gnocchi // Seite 86

Weiße Schokomousse auf Kiwispiegel // Seite 117

Fleischloser Hochgenuss mit Raffinesse.
Ein feuriger Einstieg, Kartoffeltornados, die einen Wirbel der Begeisterung auslösen werden, und ein Dessert, das auch den Damen ein Lächeln aufs Gesicht zaubert.

Scharfer Möhren-Basilikum-Salat mit Oliven-Tomaten-Relish // Seite 14

Gefüllte Spitzpaprika mit Kartoffeltornado und Kräuterdip // Seite 65

Herrencreme mit Salzkaramell // Seite 130

Exotisch

Fernweh? Kochen statt reisen! Ein kulinarischer Trip vom Gewürzbasar der Levante auf die Obstplantagen Südamerikas.

Orientalischer Kartoffelsalat und gefüllte Blätterteigtaschen
// Seite 17

Kabeljau-Saltimbocca mit Mango-Reissalat und Riesengarnele
// Seite 70

Bananenbrot mit Vanilleeis und Espresso
// Seite 146

Mediterran

Zarte Meeresfrüchte, saftige Schweinefilets und das Aroma sonnengereifter Zitronen. Kochen Sie Ihre Gäste direkt ans Mittelmeer.

Paella wie von Oma // Seite 53

Ibérico Secreto mit Tortilla de Patatas und Pfeffersauce // Seite 82

Französische Zitronentarte mit Beerenbaiser // Seite 142

Bayerisch

Mit diesen süddeutschen Lieblingsschmankerln holen Sie sich bayerische Gemütlichkeit in die Küche. Da bleibt am Ende nur ein Fazit: „Mei, san die guat!"

Register

Impressum

Kaiserstraße 14 b
D-80801 München

ISBN 978-3-89884-006-5
1. Auflage 2019

Projektleitung: Ines Alms
Texte: Margarethe Brunner, Ines Alms
Lektorat: Margarethe Brunner
Koordination VOX/IP: Fabian Winkelmann, Barbara Dörr,
Sylvia Breuing
Grafisches Konzept und Gestaltung: Irene Schulz
Satz: Catharina Burmester
Fotografie: Katrin Winner (andere s.u.)
Foodstyling: Gerlinde Hans, Daniel Schwarz
Herstellung: Frank Jansen
Producing: Jan Russok
Druck & Bindung: optimal GmbH, Röbel

Kurze Wege schonen die Umwelt
Dieses Buch wurde in Deutschland gedruckt

Im Buch enthaltene Fotos können zur eigenen Nutzung erworben werden unter www.stockfood.com

Die ZS Verlag GmbH ist ein Unternehmen
der Edel SE & Co. KGaA, Hamburg.
www.zsverlag.de | www.facebook.com/zsverlag

Bildnachweis:
Eising Studio Food Photo & Video - Martina Görlach, Katrin Winner: S. 48-49; Coco Lang: S.150-151